重庆国土资源可持续发展与创新研究会资助研究成果

中国社会科学院哲学社会科学创新工程项目
"循环经济发展评价的理论与方法创新研究"资助研究成果

中国社会科学院哲学社会科学创新工程项目
"基础学者"资助计划研究成果

重庆房地产价格调控机制研究

李 群 王 宾 齐建国 著

中国社会科学出版社

图书在版编目（CIP）数据

重庆房地产价格调控机制研究/李群，王宾，齐建国著 . —北京：中国社会科学出版社，2016.3

ISBN 978 – 7 – 5161 – 8076 – 1

Ⅰ.①重… Ⅱ.①李… ②王… ③齐… Ⅲ.①房地产价格—物价调控—研究—重庆市 Ⅳ.①F299.233.5

中国版本图书馆 CIP 数据核字（2016）第 084276 号

出 版 人	赵剑英	
责任编辑	卢小生	
特约编辑	林　木	
责任校对	周晓东	
责任印制	王　超	
出　　版	中国社会科学出版社	
社　　址	北京鼓楼西大街甲 158 号	
邮　　编	100720	
网　　址	http：//www.csspw.cn	
发 行 部	010 – 84083685	
门 市 部	010 – 84029450	
经　　销	新华书店及其他书店	
印　　刷	北京明恒达印务有限公司	
装　　订	廊坊市广阳区广增装订厂	
版　　次	2016 年 3 月第 1 版	
印　　次	2016 年 3 月第 1 次印刷	
开　　本	710×1000　1/16	
印　　张	13	
插　　页	2	
字　　数	219 千字	
定　　价	50.00 元	

前　言

　　房地产市场的健康发展，事关国家整体经济形势运行情况，关系到百姓安居乐业，对于推进社会主义和谐社会建设和全面深化改革具有重要的实践及指导意义。重庆市作为中国最年轻的直辖市，也是西南地区重要的经济、金融、文化、教育中心，围绕"总量平衡、结构合理、价格稳定、秩序规范"的目标，构建"市场＋保障"的双轨制供应体系，实现了"低端有保障、中端有市场、高端有约束"的三段式分层调控机制，成效明显，符合国务院关于房地产市场调控的目标。重庆市房地产价格的稳定，既保障了普通百姓生活水平的提高，又对国民经济的持续健康发展及社会秩序的稳定发挥了重要作用。

　　本书以重庆市房地产价格调控机制研究为主线，力求通过对重庆市房地产市场发展现状进行较为全面的剖析，找出重庆市房地产发展过程中存在的问题，并对重庆市在保障性住房、地票制度等方面的成功经验做出归纳，总结出重庆市房地产市场发展中的独特模式，并探索其潜在能力；同时，对制约重庆市房地产价格的因素进行考证，最终得出重庆市房地产市场健康发展的改革方向和目标，进而论述房地产价格调控机制。

　　本书的主要研究内容包括：描述房地产价格调控机制研究的意义、房地产价格研究综述、重庆市房地产市场现状分析、重庆市房地产市场供需分析、重庆市房地产市场的相关问题分析、重庆市保持房价基本稳定的做法和经验、重庆市房地产价格调控的目标、机制和方法。

　　本书的创新之处在于：通过定量化模型方法对重庆市房地产市场的整体运行情况做了较为严谨的分析，如通过构建住房供给与需求的理论模型，对重庆市房地产市场的未来供需状况做出分析；基于回归分析阐明了重庆市房价与地价之间的关系；基于构建的投机性模型分析了重庆市房地产市场是否存在投机行为；基于灰色关联分析阐述了重庆市房地产业与其他各行业之间的关联性；基于耦合协调度模型论述了区域经济与房地产业之间的关联。在论证过程中，创新性提出用以确定地区房价稳定程度的公商比等概念。

本书认为，重庆市在房地产价格调控机制建设方面做出了巨大努力，部分经验做法值得推广至其他省份，具有可复制、可推广的价值。诚然，价格调控机制的研究涉及社会、经济等各环节，对于房地产市场价格机制调控的研究更需要全方面分析，才能真正对房地产市场起到积极作用。本书同时指出，面对经济发展进入"新常态"以及即将开始的"十三五"时期，国家及各省份均应进一步深化住房体制改革，锐意进取，增进人民福祉，为实现"两个百年"奋斗目标和实现中华民族伟大复兴的中国梦而不懈努力。

目　录

第一章　重庆市房地产价格调控机制研究的意义

房地产作为生产和生活必需品，对于产业结构调整、城乡经济发展、社会稳定起着重要作用，而与房地产息息相关的房地产业则是国民经济的基础性、导向性产业，其稳定增长与持续发展，涉及社会生活的方方面面，房地产价格调控机制的研究已经成为国内外实务界与学术界讨论的热点话题。近十年来，中国房地产业发生了巨大变化，房地产业已经逐渐成为国家的重要产业，并进入高速发展通道，房价面临持续上涨的压力，给人民生活造成了很大困扰。

邓小平同志提出城镇化住房制度改革的总体设想（即出售公房、调整租金、提倡个人建房买房）到1998年，中国住房分配体制由实物分配转向货币化分配，真正明确提出将住宅产业作为带动国民经济增长的新的经济增长点和消费热点；再到2003年，政府明确提出房地产业已经成为中国国民经济的支柱产业，虽然经历时间较短，但中国房地产业的发展却经历了起步期、高速发展期向成熟期过渡的阶段。

近年来，国务院相继出台了信贷政策、土地政策、税收政策、保障性住房和限购政策等若干房地产调控政策措施。面对全球金融危机后的新形势，作为世界第二大经济体的新型大国，其房地产价格走势会面临许多不确定性因素，带来巨大挑战。同时，中国房地产业发展呈现供求非均衡状态，尽管国家相继出台各项调控措施，仍未能解决高房价给社会生产及人民生活带来的压力，部分地区房价泡沫愈演愈烈，成为经济健康发展的阻力。

国际社会将房价收入比作为衡量一个国家房价是否过高或存在泡沫的标准。一般而言，在发达国家，房价收入比超过6就可视为泡沫区。由于中国与欧美国家核算口径存在差距，因此，对房价收入比的界定不同。根据中国实际情况，易居研究院指出，全国房价收入比保持在6—7之间属合理区间。2013 年，全国商品住宅房价收入比为 7.3，接近 6—7 的合理区间。而 2013 年重庆市房价收入比为 6.8，在全国 35 个大中城市房价收入比中排名第 13 位。① 2013 年以来，重庆市房价除 4 月有所回落以外，呈现持续攀升状态，从 1 月的均价 7273 元/平方米增长到 8 月的 7586 元/平方米。② 有关房价点评网统计显示，2014 年 1—11 月，重庆市主城区商品房成交均价约 6736 元/平方米，较 2013 年有所下降。由此可见，房价已经成为重庆市民生活中不可回避的话题。

由此表明，对房地产进行价格调控具有现实意义；作为最直接、最有效的调控手段，价格成为一个重要的经济杠杆，对资源的合理分配应当起促进作用，通过价格升降调节商品和生产要素的供给与需求，引导生产、经营和消费发展，进而协调价格的合理运行，达到资源优化配置的目的。

2013 年以来，中国经济增长速度有所放缓，经济发展进入"新常态"，即经济从高速增长转向中高速增长，经济发展方式从规模速度型粗放增长转向质量效率型集约增长，经济结构从增量扩能为主转向调整存量、做优增量并存的深度调整，而经济发展动力则从传统增长点转向新的增长点。

因此，房地产业也将从以往的支柱性产业发展为国民经济的基础性产业，其健康运行对国家及地区社会经济的发展与稳定将产生重要影响。2013 年，重庆市固定资产投资总额达到 11205.03 亿元，其中房地产开发项目总额达到 3012.78 亿元，占全社会总投资额的 26.89%，所占份额比 2012 年增长 0.15%。③ 数据显示，重庆市房地产市场供需旺盛，房地产业已成为重庆市经济发展越来越重要的领域。

第一节　研究意义

一　经济意义

改革开放以来，中国经济历经几十年飞速发展，经济各领域建设成绩斐然。中国房地产市场已经逐渐走向成熟，并且基本形成了一条多个行业相互依存的产业链，房地产市场生产总值占国内生产总值的比重逐年递

---

① 易居研究院年度报告《全国 35 个大中城市房价收入比排行榜》。
② 搜房重庆站。
③ 重庆市统计局。

增。数据显示，1978 年，重庆市房地产业生产总值仅占地区生产总值的
1.2%，而 2012 年，该指标达到 5.4%，提高了 4.2 个百分点。① 房地产
市场已经逐步成为地区经济生产中不可缺失的重要环节，房地产业的快速
发展，带动了整个国民经济结构调整和产业升级，对国民经济的发展具有
不可替代的重要作用。

　　房地产平稳调整将有利于经济稳健发展，为经济结构调整和转型创造
良好的发展环境和适度空间。因为在经济相对繁荣环境下，国家的财政收
入、居民可支配收入会不断增长，这更有利于国家通过财政政策支持、产
业政策支持的手段来促进经济结构的调整转型，同时带动有发展前景的战
略性新兴产业加速发展。房地产市场平稳调整，房地产投资稳步增长，还
能促使就业保持稳定，使社会保持相对和谐稳定状态。

　　深入研究重庆市房地产价格调控机制，有助于全面把握房地产业在推
动地区经济过程中发挥的重要作用，从而为社会发展提供必要的决策依
据。同时，稳定重庆房价，对于西南地区整个大经济市场也起到了重要
作用。

　　二　区位意义

　　为发挥重庆市作为长江上游经济地区中心对区域的集聚辐射服务功
能，将重庆市打造成"西南地区金融、商贸物流及科教文化信息中心"、
"为实现科学发展、富民兴渝"、"在西部率先全面实现小康社会"、"加快
建成长江上游地区的经济中心"、"加快建成城乡统筹发展的直辖市"、
"加快建成西部地区的重要增长极"等目标，重庆市立足本市实际，围绕
"总量平衡、结构合理、价格稳定、秩序规范"的规划要求，构建"市
场 + 保障"的双轨制供应体系，实现了"低端有保障、中端有市场、高
端有约束"的三段式分层调控机制，成效明显，符合国务院关于房地产
市场调控指示精神。

　　2014 年 4 月 27 日，国务院总理李克强深入重庆地区调研，在召开座
谈会时，指出要构建"长江经济带"，这对于重庆市发展而言无疑是一次
重大契机，对于加快重庆市社会经济发展将起到重大推动作用。因此，对
房地产价格调控机制的研究不仅是全面深化改革在重庆市的具体表征，也
是现阶段重庆市发展规划的紧迫需要，更是合理分配社会资源的有效举

---

　　① 《重庆统计年鉴》（2013）。

措，而重庆市在房地产领域的成功调控经验和做法也有被推广到全国借鉴的必要。

在此背景下，创新研究国家宏观政策范围指导下的重庆市房地产价格调控机制，形成新的判断、新的理论和新的机制，无论对百姓安居乐业，还是国家繁荣昌盛、社会和谐，都具有重大的理论价值和现实意义。显然，房价上涨过快容易导致房地产泡沫，制约经济发展，加大人民生活成本，阻碍城镇化有序进行。

因此，加大调控房地产价格，既能够有效改善民生环境，又能够促进重庆市社会经济有序发展。本书认真梳理并总结重庆市在房地产价格调控的经验，既是对重庆市房地产工作的肯定，又是深刻剖析其健康运行的过程。将重庆市房地产业的成功模式总结并推广，将有助于中国整体房地产业的良性发展，对于促进社会经济发展产生重要影响。

第二节　研究方法及研究内容

从整体看，本书本着"提出问题→分析问题→解决问题"的逻辑顺序，运用实证分析和理论分析相结合、实证分析和比较分析相结合、静态分析和动态分析相结合以及定量分析和定性分析相结合等研究方法；同时，借鉴采用问卷调查法、文献法、个案研究法等多种研究方法。在梳理房地产研究相关文献的基础上，选择重庆市房地产行业作为研究对象，并对其近年来房地产价格走势及其影响因素进行实例剖析。通过实地调研和问卷调查的方式，了解和把握重庆市房地产产业的发展现状。运用系统分析法，归纳、总结出影响房地产价格的重要因素，确立影响价格调控的内在因素和外在因素，为下一步的制度设计和房地产计量研究打下基础。通过个案实例分析、归纳和总结，再结合相关领域的研究成果，将实际经验上升到理论层级，对房地产价格调控模式运作机理进行归纳，并将有关的价格调控模式理论化、有关技术与方法系统化，形成其价格调控理论和方法体系架构，并制定相关制度措施予以保障。

本着"理论来源于实践又为实践服务"的思想，选择重庆市作为研究出发点，对其保持房地产价格基本稳定的成功经验做出总结，以求形成可复制、可推广的重庆房地产价格调控模式。因此，本书从七大章节展开，主要内容包括：描述重庆市房地产价格调控机制研究的意义、房地产价格研究概况、重庆市房地产市场现状分析、重庆市房地产市场供需分析、重庆市房地产市场相关问题分析、重庆市保持房价基本稳定的经验及重庆市房地产价格调控的目标、机制和方法。具体研究框架如图1－1所示。

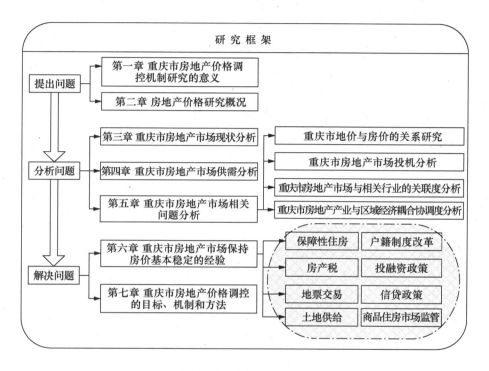

图1－1　本书研究框架

第二章 房地产价格研究概况

第一节 房地产价格基本理论

一 房地产理论

（一）房地产

房地产是房产和地产的总称，其作为一种客观存在的物质形态，包括土地和土地上永久建筑物及其所衍生的权利。其中，房产是指建筑在土地上的各种形式的房屋，主要有住宅、仓库、厂房和商业、服务业、教育、卫生等。房地产是指土地及其上下一定的空间，包括地上的各种基础设施、地面道路等。因此，房地产本质上包括土地和建筑物两大部分，作为地产的土地并不仅指地表平面，还包括从地表向上扩展到一定高度上的地上空间及由此向下延伸的地下空间。

（二）房地产特性

1. 固定性

房地产作为立体空间的意义是不可移动的，尽管附着在房屋上的土壤、植物可以移动，但房地产必须不可移动。如果具有可移动性，那么就变为建筑材料，失去本质内涵。由此可见，房地产从一开始，便具有地域性，其划定了一定的区域范围，只能在开发地进行一系列活动。

2. 特质性

正如"世界上并无相同的两片树叶"一样，房地产也具有独一无二的特征。由于房地产受所在地区自然、人文、社会等因素影响，在建造过程中，所选用的结构、材料均有差异，也就形成了区别，从而使得房地产的价格不尽相同，这也就解释了即便同属一个开发商所开发的楼盘，也会因为设计理念、所处地段等原因而造成价格不同，表现出不同特质。也正是因为房地产之间存在一定的可替代性，才形成了相互竞争的局面。

3. 存续时间较长

在中国法律体系中，"土地使用权"和"房屋产权"分属两个不同概念。就"土地使用权"而言，其出让的最高年限是居住用地70年，70年后土地收归国有。而教育、科技、文化、体育、工业用地、综合或其他用地为50年，商业、旅游、娱乐设施用地年限为40年，这就意味着房地产与其他商品相比较而言，损耗时间较长，具有耐久性特点。

4. 高投资成本

房地产开发是一个系统工程，从前期选址到后期设计、开发、建造工程耗时较大，对于人力、物力和财力的要求极高。因此，房地产的开发建设周期比一般的商品要长很多，一栋上千平方米的楼房仅建筑安装施工就要达到半年时间以上；同时，房地产开发需要巨额投资，近几年催生的"地王"也表明工程造价成本攀升，加之用工成本的增加，使房地产价格呈现上涨趋势。

5. 回收期较长

如果房地产投资的部分回收是通过收取房地产租金实现的，那么由于租金回收时间较长，资金周转慢，也就使得整个房地产投资回收期延长。国际上通常认为，商业地产的投资回收期一般为15年左右，而国内房地产投资回收期一般为12—20年。

6. 相互关联性

房地产市场作为国民经济发展的重要领域，对经济的健康发展发挥着越来越重要的作用。房地产业首先可以消化第二产业的过剩产能，同时吸纳第一产业挤出的过剩劳动力。工程完工后，配套设施的建设又可带动第三产业的发展。因此，房地产市场在国民经济中具有连带作用，并且与金融、债券等市场关系紧密。

7. 保值增值性

由于房地产具有固定性、存续时间长等特性，使得房地产有别于一般商品，其本身价值会伴随经济形势的波动发生变化，价值也可以得到保值，甚至会随着时间而增长。以北京为例，2008年奥运会之前，北京市房地产市场价格较低，而奥运会之后，北京房价持续走高，增值近十几倍。伴随社会生产力的提高，人类对土地的需求量不断增加，由于土地供给缺乏弹性，而人们对住房属于刚性需求，势必导致供求矛盾日益突出，由此带来房地产价格的不断上涨。

二 房地产价格理论

(一) 房地产价格

价格是商品同货币交换比例的指数，是价值的货币表现。经济学中，价格是商品的交换价值在流通过程中所取得的转化形式，是一项以货币为表现形式，为商品、服务及资产所订立的价值数字，其大小由市场决定，是市场供求双方相互作用的结果，并最终达到市场均衡，从而形成令双方满意的状态。而如果利用西方效用价格理论分析房地产价格，则是指由房地产的效用、房地产的相对稀缺性及对房地产的有效需求三者共同作用而产生的对房地产经济价值的货币表示，不同房地产的价格差异和同一房地产的价格波动归根结底是由这三者的变化引起的（见表2-1）。

表2-1 房地产价格分类

房地产价格	按交易权能分	土地征购价格
		土地使用权转让价格
		土地使用权抵押价格
	按销售对象分	外销商品房价格
		内销商品房价格
	按交易期限分	期房价格
		现房价格
	按使用用途分	工业用房价格
		商业用房价格
		其他住房价格
	按销售方式分	出售价格
		出租价格
	按市场分	存量房市场价格
		增量房市场价格

(二) 房地产价格的构成

一般而言，房地产价格分为土地价格、建安成本、相关税费和开发商利润四部分。其中，土地价格对房地产价格的影响最大。而开发商在进行房地产开发时，出于土地成本和地理位置的考虑，会对某一待开发地区的房价预估一个合理预期，而受到房地产总体市场的影响，建安成本和相关税费对于每个开发商而言是相对固定的。因此，土地价格就成为开发商楼盘开发前首选的考虑因素。如果地价占房价的比重达到20%—40%，则表明处于合理区间。

土地价格主要分为土地出让金和前期费用两部分。土地是一种稀缺资源，且缺乏弹性，其对于整个社会来说是有限的。因此，商品房开发时必须要考虑支付合适的土地出让金，以降低企业开发成本。而前期费用主要表现为"三通一平"费用，即地产开发前使得建筑用地部分达到平整，保障通水、通电、通路顺畅。

建筑安装成本由土建费用和配套设施费用构成，是指建筑安装工程过程中所耗费的各项生产费用。又可细分为直接费用（是指建筑安装施工的直接消耗，如材料费、人工费、机械使用费等）、间接费用（是指施工单位为组织和管理施工生产活动所发生的费用）、管理费用和财务费用四部分。

相关税费分为国税和地税两大部分，其中国税包括需要上缴的营业税、城市维护建设税、教育费附加、所得税、印花税、车船使用税、土地使用税、奖金税、工资调节税、耕地占用税和农业基金税等，而地税主要分为管理费、手续费、项目性收费和各种工本费等。

（三）房地产价格形成机理

房地产价格机制是房地产价格决定的客观依据，也是房地产价格定价的基础。在中国国情下，房地产价格的形成不仅受制于市场的供求关系，而且还受到房地产本身、社会环境等多重因素共同影响，其价格形成机制是多方面的，不是单一由供求关系决定的。

1. 土地与房价之间的关系

首先，就卖方市场而言，房地产价格属于需求引导型，认为房价拉动地价。所谓卖方市场，就是指房地产市场中，需求方旺盛，而供给方紧缺，达到供不应求的状态。该理论指出住房为刚性需求，供给方无论提供多少房源，均有市场需求，无论是房地产所选地段，还是配套设施及户型设置等因素，均是卖方占据主动地位，买方处于被动接受状态。现阶段，多数富裕阶层均囤积多套房源，作为投资行为，使得资金大量流入房地产市场，造成供求不平衡状态，中低收入者拥有较少或者没有居住性住房，表现出房地产市场的卖方特征。

其次，就买方市场而言，房地产价格属于成本推动型，认为地价推高了房价。所谓买方市场，就是指房地产市场中，供给方提供的房地产较多，而需求低迷，造成了供大于求的局面。该市场中买方拥有主动权，房价更多地表现为供给价格，此时的房价主要由开发商决定。由于需求市场不景气，开发商为了维持原有利润，在投入成本、相关税费既定的前提下，只能在地价上做文章，而低价必然导致房价下降，吸引消费者购买，地价高也必将推高房价。

最后，房地产价格处于地价与房价作用之间的合理价位。该市场中，房产市场和地产市场通过市场反馈走势或短期指标对随后的市场价格做出预测。如果信贷有利、收入提高、需求旺盛等刺激房价上升时，加之政府出让土地的滞后，房价上涨信息会传递到地产市场，就会引起土地价格上涨的预期，同时地价上涨的信息反馈给房产市场，进一步引起房价上涨的预期。

2. 生产价格机制论

商品的生产价格，是指由部门平均生产成本和社会平均利润构成的价格，是价格的转化形式，生产价格一旦形成，市场价格将围绕生产价格波动，这就是价值规律作用形式的变动。在资本主义市场条件下，资本通过各部门之间的竞争，会从利润低的部门转移到利润高的部门，产生了资本逐利性，并最终导致利润平均化。平均利润率的形成使价值转化为生产价格，而成本在商品的价格中占比重较大。在商品价值中，物化劳动价值 C 和生产劳动者为自己劳动所创造的价值 V 是价值构成的主要部分，是最基本、最主要的因素，它的大小在很大程度上反映了商品价值量的大小，且与商品价格水平成正比，成为商品价格制定的最低底线。而社会主义市场经济环境下，价格以社会价值为基准，价格中盈利部分要准确反映商品价值中生产部门劳动者为社会所创造的价值 M，而不以个别价值为基础，盈利部分由利润和税金两部分构成。

有关价格形成过程中采取何种盈利率的问题，理论界假定工资是在按劳分配原则的前提下进行的，产品的劳动和物质消耗是正常的，物质的价格、各类产品的成本均是合理的。然而，这些假设条件在现实中较难存在。加之，现实经济中并不存在按社会成本平均利润率、平均加工利润率、综合利润率形成利润，税收的价外税也不计入商品价格，而是作为价格构成中某个部分的再分配。因此，在生产成本、成本利润率和税率既定情况下，价格 = ［成本 × (n + 成本利润率) × 1/n − 税率］。这就从理论上证实了房地产价格的形成应该以开发成本为最低底线，也反映了经济发展的客观必然性。

3. 房地产价格波动的形成机制

（1）李嘉图租金和单中心模型。[①] 地租理论是房地产经济学中的核心内容，是其价值理论和运行规律的理论基础。马克思主义理论认为，地租是土地使用者由于使用土地而缴给土地所有者的超过平均利润以上的那部分剩余价值，并按照地租产生原因和条件不同，分为级差地租、绝对地租和垄断地租三种形式。在此理论基础上，李嘉图认为，房地产作为一个完全差异化的市场，在任意特定地段的供给对于价格而言均是没有弹性的，但是因为相邻地段的房地产具有一定程度的可替代性，因此对于房地产的需求具有较强的价格弹性。

作为李嘉图地租理论的延续，单中心模型于20世纪60年代开始兴起并逐渐得到学界认可。该模型认为，应该在以下假设条件下进行计算：首先设定在半径为 b 公里的城市范围内，存在且唯一存在一个就业中心和 n 个家庭，居民选择在就业中心周围居住，单位时间内每公里的交通费用为 k，在一个代表性的家庭中，收入 y 用于交通费用 kd，住房租金 R(d) 和其他费用 x，其中，d 为某一特定住宅至就业中心距离；住宅的建筑成本为 c，占用土地面积为 q，因此住宅密度为 $\frac{1}{q}$，其中 c 和 q 为常数。根据李嘉图的租金定义，不同位置住宅租金的变化在达到均衡状态时，应该使得其他消费 x 相同，记为 x_0。由此，根据以上假设条件，位于就业中心 d 公里住宅租金应为：

$$R(d) = y - kd - x_0 \tag{2.1}$$

而位于城市边缘 b 公里处住宅租金由两部分构成，即农用土地租金 $r_a q$ 和住宅的建筑租金，即：

$$R(b) = r_a q + c = y - kd - x_0 \tag{2.2}$$

由式（2.2）可以得出典型家庭的其他消费 x_0：

$$x_0 = y - kd - r_a q - c \tag{2.3}$$

---

① 王文斌：《我国房地产价格波动形成机制及影响因素研究》，博士学位论文，南开大学，2010年。

将式 (2.3) 代入式 (2.1) 可以得出距离就业中心 d 处的住宅租金，其中 $d \leqslant b$：

$$R(d) = r_a q + c + k(b - d) \qquad (2.4)$$

从上面关系式可以看出，住宅租金包括三部分，即农用土地租金、住宅建筑租金和位置租金，位置租金随着住宅与就业中心距离的增加而增加。由住宅租金可以推算出土地租金。土地租金等于住宅租金减去建筑租金，再乘以住宅密度，如式 (2.5) 所示：

$$R(d) = r_a + k(b - d)/q \qquad (2.5)$$

在均衡状态下，所有家庭都能够拥有住宅，同时也不存在空置的住宅，这时城市边缘由全部家庭的数量决定，即：

$$b = \sqrt{nq/v\,\pi} \qquad (2.6)$$

在一个无限期模型中，假定人口增长的速度为 $2g$，城市边缘 b 增长速度为 g，折现率为 i 且保持不变，则土地价格为各期土地租金现值之和，可以表示为：

$$\begin{aligned}
P_0(d) &= \int_0^\infty \left[r^\alpha + k(b_1 - d)/q \right] e^{-it} dt \\
&= (r^\alpha - kd/q)/i - kb_0/q(i - g) \lim_{T \to \infty} \left[1 - e^{-(i-g)T} \right]
\end{aligned}$$

在 $i > g$ 的情况下，土地价格为：

$$P_0(d) = r^\alpha/i + k(b_0 - d)/qi + kb_0 g/qi(i - g) \qquad (2.7)$$

住宅价格等于土地价格除以住宅密度，再加上建筑租金现值之和，可表示为：

$$P_0(d) = r^\alpha/i + k(b_0 - d)/i + kb_0 g/i(i - g) + c/i \qquad (2.8)$$

由公式可以看出，土地价格由三部分组成，即农用租金现值、当前位置租金现值和由于预期对土地需求不断增加而形成的未来位置现值。实际上，人们如果提高对经济增长率的预期值，会引起房地产价格升高，而价格增长速度会越来越快。而当预期经济增长率提高到 $g \geqslant 1$，土地价格 $P_0(d)$ 与住宅价格 $p_0(d)$ 均趋向于无穷大。

(2) 看跌期权理论。看跌期权主要应用于金融分析，又称卖权选择权或者卖方期权，指期权的购买者拥有在期权合约有效期内按执行价格卖出一定数量标的物的权利，但不负担必须卖出的义务。随后，帕尔洛夫和沃奇特 (Pavlov and Wachter，2004) 建立了有关房地产领域的看跌期权模型如下：

假定某投资者以自有资金购买或投资某房地产,那么在有效市场上,其可以通过资金套利,获取一定的收益,即:

$$P_f(1 + d) = \delta R_H + (1 - \delta) R_L \tag{2.9}$$

从而,可以得到房地产的基础价格为:

$$P_f = \frac{\delta R_H + (1 - \delta) R_L}{1 + d} \tag{2.10}$$

其中,R_H 表示房地产未来可能以概率 δ 出现的高价格;R_L 代表房地产未来可能以概率 $1 - \delta$ 出现的低价格;d 代表实际存款利率;P 代表当前房地产价格 ($R_H > P > R_L$)。

倘若投资者没有足够资金进行投资,只能从银行贷款,这样,房地产企业就获得了同等的选择权,经济形势向好时,房地产价格随之上涨,房地产企业由此获利,并得到的收益为:

$$1 + i = \frac{R_H}{P} \tag{2.11}$$

当房地产价格下跌时,房地产企业也拥有放弃抵押资产的权利,将贬值后的房产留给银行,不再支付利息。

银行根据无套利原理,这种"放弃选择权"的价值 (v) 应该满足条件:

$$v = \frac{(1 - \delta)(P - P_L)}{P} \tag{2.12}$$

如果银行能够准确评估未来房价下跌的风险以及借款人的信用状况,就应该在收取的放贷收益中考虑这部分风险的价值,因此有:

$$i = \frac{v + d}{\delta} \tag{2.13}$$

将式 (2.11) 和式 (2.12) 代入式 (2.13),得到关于房地产价格的表达式与不存在银行贷款的情况下完全一样。但是,如果银行低估了"看跌期权"的价值,即:

$$v = \frac{(1 - \delta)(P - P_L)}{P} - \varepsilon \tag{2.14}$$

其中,ε 表示银行对风险低估程度,ε 越大,低估的程度越明显,那么房地产价格则变为:

$$P = \frac{\delta R_H + (1 - \delta) R_L}{1 + d - \delta \varepsilon} \tag{2.15}$$

于是，$\frac{\partial P}{\partial \varepsilon} > 0$，即期权越是被低估，资产价格越是膨胀，资产价格越来越偏离基础价值。

当 ε 为常数时，资产价格的波动率取决于高收益与低收益的差距 $R_H - R_L$，差距的扩大并不改变资产价格的基础价值，但是会增加期权的价值，并使得低估空间更大，从而会增加资产价格膨胀。应该指出，波动率本身并不导致资产价格膨胀，但是有意识或无意识的低估行为会造成资产价格膨胀，此时波动率会放大低估行为的负面影响。

综合以上三种理论，从微观和宏观两个角度研究了房地产价格的决定问题。李嘉图的租金理论和单中心模型从消费需求角度探讨了房地产的价格问题，而看跌期权理论则综合考虑了房地产市场、房地产企业、银行及宏观经济形势等方面，分析引起房地产价格波动的原因。

第二节　房价影响因素研究

一　土地供给与房价

在对土地供给与房价关系的研究中，国外学者主要从土地供应量与房价关系和政府对土地资源的调控对房价影响等方面进行研究。

国外一些学者认为，紧缺的土地资源是造成房价上升的根本原因。艾伦·W. 埃文斯（Alan W. Evans, 1992）认为，土地市场是完全无效率的市场，由于信息的不完全和获取信息的成本问题，地价只是在一定范围内公平决定的，而非完全由市场决定，他认为规划对土地利用的限制会抬高地价，进而引起了房地产价格的波动。野口悠纪雄（1997）运用一般均衡分析方法和经济计量模型考察日本土地问题的演变过程和地价变动背后的土地供需关系，对战后日本经济高速增长时期的土地市场状况进行了深入研究，他认为，土地资源的紧缺引起房价飞涨，主张应采取合理的土地政策，政府在短期内的对策目标应是抑制地价泡沫，长期性的结构政策应放在促进土地的有效利用方面。Hannah、Kim 和 Mills（1993）根据1973—1988 年韩国城市人口增加超过两倍，而在此期间住宅用地只增加65％的事实，认为韩国政府的土地供应控制和为低收入者提供住房保障的政策导致韩国城市地价的上升和房价的上升。

造成土地资源紧张与政府对土地资源的供给控制有密不可分的关系，付彩芳、任倩和王定毅（2006）总结认为，因各国的土地所有制度设计的不同而存在差异，主要分为三种类型：第一种是以土地公有制为基础的土地所有制国家，如朝鲜、越南和匈牙利等国家；第二种是土地私有制为基础的土地所有制国家，如日本、美国和联邦制国家；第三种是由国家（或皇室）控制的土地所有制国家。

以土地公有制为基础的土地所有制国家（地区）在调控房地产市场价值的时候往往严把土地供应"数量"关。以中国香港为例，W. L. Chou，（1995）以及 Y. Cheung、S. Tsang 和 Mark（1995）、P. Dua 和 Ismail（1996）、Neng Lai 和 Ko Wang（1999）研究证实，对 1973—1997 年我国香港土地供应量、CPI、住房供应量和住房销售均价等指标进行两两对比分析，认为政府增加土地供应量与住房供应量的增加并没有显著联系，另外我国香港高增长率的 CPI 使地产成为民众最重要的投资对象，市场资本量充足且需求旺盛导致房价持续攀高，从而掩盖了土地供应对房价作用的效果。雷蒙德（Raymond，1998）运用格兰杰检验对 1976—1995 年我国香港土地供应量和房屋价格进行了因果关系的定量研究，也认为土地供应量对房价并没有显著影响。但 Peng 和 Wheaton（1994）通过对我国香港住房市场的研究发现，我国香港政府严格的土地供应政策预示着未来土地供应量将减少，直接影响是住房市场预期未来房租将上涨，而房价是房租的资本化，在一个理性的市场上，预期房租的上涨会带来房屋现价的上涨；Yu – Hung Hong（2003）在 Leasing Public Policy Debates and International Experience 的论文集中关于中国香港土地公共供给政策与房价关系的研究结果表明，土地公开拍卖的方式符合政府的财政需要，然而这种供给模式会抬高地价和住房成本，特别是在一些城市土地需求较为旺盛的城市。

即便在土地私有制的土地供应市场中，政府在土地控制上依然占有较大优势，陈霞（2008）在《对国外农村土地城市化的比较研究》中统计得出，美国政府（中央政府和州政府）持有土地量占比为 42%，日本中央政府和地方政府拥有全国 29.30% 的土地，这些土地储备主要用于公益性事业用地，比如机场、学校和居住区等。

政府通常采取规划手段对私人土地的利用进行干预，例如将城市"区划"，那么，"区划"是否会对房价造成影响呢？早在 20 世纪 70 年代，国外就有学者对其进行研究。彼得森（Peterson，1974）认为，区划的影响主要被资本化为土地价格，但对住房价格的影响微乎其微；马克和戈德伯格（Mark and Goldberg，1986）则认为，区划对房价的影响有时是正的，有时是负的，有时完全不显著；威廉·A. 弗斯切尔（William A. Fischel，1990）认为，严格的区划可能是由生活在高价位住房中的高收入人群的偏好所导致的；布拉姆利（Bramley，1993）认为，地价的价值在一定程度上决定了区划，而区划反过来影响着土地价值，他将城市区划当作内生变量放入地价模型中，认为由于土地价值越高，地方财产税也就越高，与此同时，该区域税收越高，配套的社区设施建设也会越好，房价随之攀高。对此，著名学者斯蒂文斯（Stevens）认为，政府区域性土地供应政策和税收是推高房价的主要因素。除此之外，保罗和马克斯（Paul and Max，2012）认为，土地供应管制会造成管制区域的土地成本或由于因申请、开发等程序的复杂化而造成开发商税收等成本的增加，最终使得房价提升。

中国是土地公有制国家，土地供应权利的行使单位为各级政府，其根据房价涨落和市场供需理论对土地供应量进行调整，使得土地供应具有鲜明的“计划经济”印记。陈高龙（2004）认为，由于政府对土地供应的垄断，这样的制度可使土地供应能较快实现调整，并为市场提供先导预期，但是，供应量的不足和政策失误会导致房价不能按照预期变动。

目前，中国土地供给方式主要包括两大类：土地无偿供给方式和土地有偿供给方式，其中后者包括土地使用权出让制、土地使用权租赁制、土地使用权作价入股三种方式。中国普通房地产用地基本上采取的是单一的土地使用权出让制，国内学者在对土地供应方式是否会影响房价的研究中，大致分为两种观点：一种是土地供应方式不会影响房价，另一种是会影响房价。

（一）土地供应方式不会影响房价

刘禹麒、熊华（2005）等认为，土地供应方式不会影响房价，以土地供给方式改革“招拍挂”为例，变革只是调整了土地的收益分配，通过消除“寻租”空间和压缩开发商获得的超额利润对土地收益重新进行更加合理的分配，但并没有改变房价的价值基础，因此不会直接影响房价；刘洪玉和任荣荣（2008）认为，在市场繁荣阶段，开发商积极的土地储备策略与非正常的土地竞买行为经常发生，从而导致土地价格的上涨，但这并不是中国经营性土地供给方式改革（"招拍挂"供应制度）导致的必然结果；关于"招拍挂制度"，贾伟召、张绍良（2004）以江苏省为例，认为土地"招拍挂制度"实施以后，各类经营性用地的价格大幅上涨，但不能将房价的上涨归咎于地价的升高；郭坚祥（2004）通过对杭州市楼盘的个案分析，发现市场利润率偏高是推高房价最为主要的因素，而土地供应方式并不是房价上涨的主导原因。

（二）土地供应方式会影响房价

有些国内学者则认为土地供应方式会影响房价，王彦美（2011）通过研究土地供应方式变革前后土地交易价格指数、房屋销售价格指数的变化，认为土地供应方式变革对房价的影响虽然不大，但有一定影响；丁军（2010）采用协整理论和格兰杰因果关系检验法得出土地出让方式是地价和房价上涨的主要因素之一；高萍莉、杨宇和娄文龙（2005）认为，中国现阶段房地产发展所面临的总量不足和结构失衡主要是现行土地供给方式引起的，并通过供给方式对房地产发展的影响进行建模分析，提出完善中国土地供给方式，以促进中国房地产的健康发展；金娟芬（2007）通过数理模型建构发现，土地"招拍挂"政策对城市地价影响非常大，并可能在短期、长期对城市地价和房价的关系中产生影响。

"地票"作为建设用地指标凭证，近年来，在土地供应市场和房地产市场上发挥了较为有利的效用，但其对房价是否造成冲击，研究结论分歧较大。以重庆市为例，徐建国（2011）通过分析需求拉动模型，认为地价是由房价决定，房价由需求决定，"地票"既不影响人民的居住需求，也不影响投资需求，因此"地票"不会影响地价；刘云生和黄忠（2010）认为，目前重庆市的"地票"价格占房地产开发成本的比例小，通过"地票"的交易可以增加城市建设用地的数量，进而增加房屋供给数量，有助于平抑房价；魏峰、郑义和刘孚文（2010）认为，随着"地票"价格的增加，获取经营性用地指标的费用也会增加，"地票"交易有推高房价的可能。

除土地供给方式外，土地供给量与房价之间的关系也是国内学者们研究的对象。从研究结论角度，一部分学者认为，土地供应量会引起房地产市场的供需失衡，但效果不明显。刘琳（2002）和郑娟尔（2008）分别通过幂函数回归统计模型和面板数据模型分析认为，土地供应量对房价虽然有影响，但不明显，且不是调控房价的长效手段；张淑娟、刘艳芳

（2005）采用博弈均衡分析同样得出土地供应量的变化对房价的调整影响不显著；高丽坤、李淑杰、王锡魁、蒋甫玉（2006）认为，在不同的土地供应价格弹性条件下，增量房地产价格的变化与相应的土地供应量的变化是不同的；郑娟尔（2009）采用面板回归方法对土地供应量和房价的关系进行研究，研究结果表明，两年前的土地购置量虽然影响房屋供应量，但并不影响房价，并认为影响中国房价的因素非常复杂，包括心理预期、土地供应的有效性（即土地是否得到及时开发）等原因。

还有一些学者认为，土地供应量对于房价影响显著。谢岳来、刘洪玉（2003）研究认为，土地供应量的相对不足导致了市场预期房价的上涨；曹春明（2004）认为，土地出让量的增加存在刚性，当前的土地供应不足是房价上涨的原因之一；温修春、吴阳香（2005）通过对两种土地产品进行比较，认为限制土地供应量会引起地价上涨，从而推高房价；张庆佳、林依标（2008）认为，当前房价上涨的原因主要是房地产开发利用的有效供给不足和供应结构不合理，想要有效缓解住房供需矛盾，必须通过经济、行政和法律等手段增加土地的有效供应，完善土地供应结构，从而使房价逐渐回归合理的水平。

二 地价与房价

国外学术界关于地价与房价关系的研究可概括为四种结论：地价上涨推动房价上涨、房价上涨引起地价上涨、房价与地价相互影响和二者间没有互动关系等。

（一）地价上涨推动房价上涨

从成本方面看，如果土地涨价，那么房价也会随着上涨，有此观点的学者包括阿龙索（Alonso，1964）和穆思（Muth，1969），他们通过构建空间竞价函数，认为在土地供给缺乏弹性的情况下，高地价是导致高房价的直接原因；金（Kim，2005）研究韩国房价时也将高地价作为房价上涨的一个重要原因；Dowall 和 Landisi（1982）、Evans（1987）、Peng 和 Wheaton（1994）、Somerville（1999）、Cheshire 和 Sheppard（2002）、Hui（2004）、Glaeser（2005）等认为，土地管制、空间垄断、土地利用规划政策等因素影响着地价，地价的上涨直接推动房价上涨。

（二）房价上涨引起地价上涨

野口悠纪雄（1997）和 O'Sullivan（2000）研究认为，高地价不是高房价的原因，而是结果，这个观点同时也得到了尼德汉姆（Needham，

2000）的认可；在李嘉图"玉米法律悖论"和地租理论的影响下，土地上的产品决定地租、地租（地价）的剩余观点被大多数经济学家所接受，Small（2000）和 Priemus（2003）将这一理论引申到住房领域，形成房价决定地价的观点，并被视为房地产领域的理论常识，写入了多数城市经济学教科书；美国俄勒冈州立大学经济学教授阿瑟·奥沙利文（2002）在其代表性论著《城市经济学》中指出，随着人们对住宅需求的增加，住宅价格必然会上涨，从而导致开发商对土地的需求更多，由于市场对土地需求的增加最终会导致土地价格上涨，因此，房价的上涨带动了地价的上涨。

（三）房价与地价相互影响

在对房价与地价关系的研究中，一些学者认为，无论是地价决定房价的成本驱动论，还是房价决定地价的引致需求论观点，都是片面的，并不能全面揭示房价与地价之间错综复杂的关系。芒克（Monk，1994）从开发商心理角度分析表明，开发商囤积土地、投机性的销售策略等行为均会对房价与地价关系产生影响；霍利和琼斯（Holly and Jones，1997）认为，房价与地价并非简单的线性关系，比如有些地区地价低，但因房屋质量高、建筑成本高，因此，房价也会相对较高，除此之外，当地的房贷政策也影响着房价地价比；戴维斯（Davies，1997）通过回归分析认为，地价除了与房价相关之外，还与土地利润率、购房贷款利率等因素密切相关。

（四）房价与地价没有互动关系

雷蒙德（Raymond，1998）对我国香港1976—1995年土地销售价格的年度数据进行了分析，研究认为，房价与地价之间不存在因果关系，政府通过出售土地达到收益最大化；通过格兰杰因果检验法，Alyousha 和 Tsoukis（1999）对英格兰1981—1994年的房价与地价的季度数据进行研究，发现房价不是住宅用地的格兰杰原因；Glaeser 和 Gyourko（2003）通过回归分析，认为地价与地区经济发展呈正相关，与房价没有直接关系。上述观点均认为房价与地价没有互动关系，但仔细斟酌不难发现，这些观点均缺乏理论的支持，说服力明显不够。

国内对房价与地价关系的研究比较晚，随着近年来房地产业的火速发展，房价与地价节节攀高，尤其是2002年出台的土地"招拍挂"出让制度全面实施以来，越来越多的学者开始关注房价与地价的关系。目前国内学者对二者关系的研究结论也主要分为以下三种观点：地价推动房价上涨、房价带动地价上涨、房价与地价存在互动关系。

1. 地价推动房价上涨

杨慎（2003）和包宗华（2004）认为，地价大幅上涨必然造成房价大幅提高；国家建设部政策研究中心在《怎样认识当前房地产市场形势》中指出：短期内，土地"招拍挂"出让制度的实施直接推动了土地价格的上涨，而地价是构成房价成本的重要因素之一；李伟（2006）认为，土地价格上涨是导致房价成本升高的直接原因，一般城市房价的构成成本地价所占比例为 25% 左右，部分城市这一比例更高；毛丰付和任国良（2011）立足于政企博弈模型，指出房价和地价在中国住房体制改革十几年中的不断攀升是种"棘轮效应"，开发商和地方政府二者博弈的长期均衡在于双方主动抬高价格，其背后的驱动力量主要是追求高地价推高了房价，而不是房价抬高了地价。

2. 房价带动地价上涨

郑光辉（2004）指出，土地价格是提前支付的土地地租，就因果关系而言，是房价上涨增加了对土地的需求从而导致地价上涨，因此，地价不是房价的原因，而是其结果；温修春和吴阳香（2005）认为，在正常的市场机制条件下，土地的价格是由土地产出价值所决定的，也就是说，是房价拉动了地价的增长；李珍贵（2005）采用 2002 年 1 月至 2005 年 4 月国家统计局房地产开发投资统计月报数据进行了实证研究，结果显示房价的变动影响地价，而地价的变动却不会影响房价；冯邦彦（2006）通过格兰杰因果关系检验方法对 1998—2005 年的"普通住宅销售价格指数"和"普通住宅用地交易价格指数"的季度数据进行实证分析，同样得出房价带动地价上涨的结论；温海珍、吕雪梦和张凌（2010）通过构建城市地价与房价的联立方程模型（2SLS）认为，房价对地价的影响远远大于地价对房价的影响，与此同时，模型结果表明房价滞后期对房价的影响程度最大，说明房价的预期效应是推动房价上涨的主要原因。

3. 房价与地价存在互动关系

鲁礼新（2002）认为，地价与房价是相互制约的；高波和毛丰付（2003）采用《中国景气月报》全国整体统计数据，使用格兰杰因果检验分析方法对房价与地价的相互关系进行研究，也认为，从长期来看，房价决定地价，从短期来看两者相互影响；邹晓云（2004）认为，房价与地价的变化有一定的循环关联性；黄贤金（2005）认为，房价与地价是互为因果关系；卢新海和王玥（2004）以效用价值为理论依据时，得到的结论是高房价决定高地价，但以生产费用价值为理论依据时，得到的结论却是高地价决定高房价，因此认为，房价与地价关系是循环关联的，不同条件下因果是不同的；况伟大（2005）通过构建线性城市的住房市场和土地市场模型认为，短期内房价与地价相互影响，要降房价需要同时控制房价与地价上涨，但长期内地价的变化先于房价的变化，而降房价最重要的是控制地价上涨。

三　成本与房价

田晶（2008）针对近年来与房价持续走高相伴随的关于房地产行业是否存在"暴利"问题，利用公开数据及调研数据、以"招拍挂"获得土地的房地产普通住宅项目作为载体、通过一定的研究方法分析北京市房地产住宅项目的成本和费用。研究发现，样本楼盘成本费用的主要构成部分依次为：土地成本、税费、建安工程成本、贷款利息。房屋售价与土地成本和建安工程成本存在因果关系，并呈正向关系，即房屋售价会随土地成本和建安工程成本的增加或减少而上升或下降。样本楼盘的房屋售价中流向政府部门的利益最大约占50%，房地产开发商的利益为20%；吕品（2009）认为，土地成本、建筑成本与税费逐年增加，各项生产成本要素对房价有不同程度的推动作用，其中，土地成本的作用程度最强，建筑成本次之，税费最弱；熊鹭（2011）通过对房地产上市公司的成本构成分析认为，建安成本是成本和售价的最主要组成部分，土地成本是成本的第二大组成部分，房地产企业利润比较丰厚，利息费用在房地产销售价格中所占比重较低，房地产开发项目的盈利水平差距较大。

四　国家政策与房价

利率是货币政策的重要手段，并作为一个外生变量，通过引导房地产市场中的各行为主体，进而改变房地产市场的供给和需求来实现对房地产市场的调控，其对房价的影响是多方面的，国内外学者对于该问题的看法不同。

部分学者认为，二者之间存在正向关系。郭树华、王旭（2012）通过选取1998年7月至2010年12月的汇率和房地产销售价格指数月度数据，对中国人民币汇率和房地产价格的关联效应进行实证研究，结果表明，汇改后人民币汇率与房地产价格之间呈现正向关系；肖本华（2008）对2003—2007年中国银行信贷与房地产价格之间的关系进行了格兰杰因果检验，认为中国的信贷扩张带动了房地产价格的快速上涨，而导致信贷快速扩张的主要原因是货币供给的增长和高存贷利差。

也有部分学者认为，二者之间存在负相关关系。杜敏杰、刘霞辉（2007）从房地产价格的现值理论入手，认为汇率的小幅变动可以通过久期杠杆使房地产价格大幅变化；宋勃、高波（2007）在考虑通货膨胀因素下，认为短期而言，中央银行实际贷款利率、存款准备金实际利率、一年期存款实际利率和一年期商业贷款实际利率对房价存在负向影响，一年期商业贷款实际利率对地价存在负向影响。长期而言，一年期存款实际利率对房价存在负向影响，而一年期商业贷款实际利率对房价存在正向影响；谢太峰、路伟（2013）在对1998—2012年数据进行处理时，运用协整检验方法，结果表明，货币供应量增加会迅速推动房地产价格上涨，而贷款利率的提高则会持续降低房地产价格。

国外部分学者认为二者之间相互关联。如霍夫曼（Hofmann，2001）认为，短期内，银行信贷和房地产价格存在双向因果关系，但从长期而言，只存在房地产对银行信贷的影响；Collyns和Senhadji（2003）对泰国、新加坡、韩国和中国香港四个国家或地区的房地产价格和银行信贷关系进行了实证研究。结果发现，银行信贷的增长和房价上涨具有明显的同步效应。

但是，也有观点认为，通过利率调整房价的作用有限，如胡在铭（2012）指出，利率政策的改变能够导致房地产价格的变化，可以利用利率政策对房地产市场进行宏观调控。但同时也应该看到，因各种阻滞因素的存在，利率政策对房地产价格的影响还很有限。

除上述有关房价问题的研究外，也有其他有关房价影响因素的观点。在房价与股票市场之间的关系论述上，沈悦和卢文兵（2008）通过时间序列相关方法对中国股票市场与房地产市场的关系进行了实证研究，结果表明，房地产价格上涨对股票价格上升有显著影响，而股票价格上涨对房地产价格上升的影响较为微弱；房地产价格的上升与股票价格的上升存在两季左右的间隔，且两者呈现出螺旋式变化的趋势；徐国祥、王芳（2012）在对周期波动理论和国内外相关文献分析的基础上，采用频域的交叉谱分析法对中国房地产经济与股票市场周期波动及其关联性进行了实证研究。结果表明，中国房地产经济与股票市场和房地产股票市场存在着39个月和26个月的耦合周期。

在货币供应量及银行信贷扩张政策对房价的影响关系中，王亚楠

（2013）基于向量自回归（VAR）模型，用时间序列分析方法对影响房地产价格的因素进行了格兰杰因果检验、协整检验以及影响房价的因素的脉冲响应，结果显示货币量和房地产价格之间存在协整关系，中国房地产价格上涨可以归因于货币发行量的超长增加；秦岭、姚一旻（2012）研究表明，银行信贷扩张与房地产价格上涨具有明显的相互推动和加强作用。其中，房地产开发商贷款和个人购房贷款对房价都具有显著的正向影响，同时对来自房价冲击的响应也是正向的，并且在房价持续高速上升时期，房地产贷款规模对房价的影响力明显超过贷款利率。

第三章　重庆市房地产市场现状分析

第一节　重庆市基本概况

　　作为中国著名的历史文化名城，重庆市历史可以上溯至巴渝文化时期，已历时 3000 余年。重庆市临近嘉陵江，古时候称之为"渝水"，因此，重庆市简称"渝"。1891 年，重庆市就已经是中国最早对外开埠的内陆通商口岸。新中国成立初期，重庆市作为中央直辖市，是中共中央西南局、西南军政委员会驻地和西南地区政治、经济、文化中心。直至 1954 年 6 月，西南大区撤销后，重庆市改为四川省辖市区；1983 年，重庆市经党中央、国务院批准，成为第一个经济体制综合改革试点城市，实行计划单列；1997 年 3 月 14 日，并于当年 6 月 18 日正式挂牌。

　　重庆市地处中国西南内陆，并位于长江上游地区，总面积 8.24 万平方公里，下辖 38 个区县（自治县），共有 213 个乡、611 个镇、192 个街道办事处、2721 个居委会和 8318 个村委会，2013 年年末，常住人口 2970 万人，其中，城镇人口 1732.76 万人，城镇化率达到 58.34%，全年实现生产总值 12656.69 亿元，固定资产投资总额达到 11205.03 亿元，公共财政预算收入 1693.24 亿元，进出口总值 687.04 亿美元，并完成利用外资总额 105.97 亿美元。[①] 人口主要以汉族为主，并有土家族、苗族、回族、满族等 54 个少数民族，占总人口比重不到 10%。重庆市地处四川盆地东部的岭谷地带，以丘陵、山地为主，其中山地占 76%，素有"山城"之称。重庆市属亚热带季风性湿润气候，年平均降水量较大，同时，有长江、嘉陵江、乌江、涪江等水系流经，水资源丰富。

---

　　① 《重庆统计年鉴》（2014）。

作为中国西部地区唯一的也是四个直辖市中最年轻的直辖市，重庆市承担着重要的使命。

首先，重庆市位于西南内陆，交通便利，也是西部地区唯一集水陆空运输方式为一体的综合交通枢纽。直辖以来，重庆市高度重视交通发展，基础设施不断完善，规划并建成了"二环八射"的高速公路网络、"一枢纽五干线"的铁路网，基本实现了"4 小时重庆"的目标，江北国际机场年旅客吞吐量已超过 2500 万人次；同时，借助于长江上游水道，连通了与下游地区各省的交流。

其次，重庆市经济门类齐全，综合配套能力强。重庆市是中国老工业基地之一，历经几十年发展，重庆市在电子信息、装备制造、汽车、材料等领域取得了突出成绩，并形成了多个千亿级产业集群。2013 年，重庆市第一产业总产值首次突破 1000 亿元大关，达到 1002.68 亿元；第三产业总产值达到 5256.09 亿元，占整个重庆市生产总值的 41.53%。重庆市经济整体运行态势良好，各产业之间日趋协调，有助于实现共赢局面。

再次，重庆市科技教育实力雄厚，聚集了大量高素质人才。目前，重庆市共拥有 1000 多家科研机构，重庆大学、西南大学作为全国重点高校，提供了重要的人才储备及科研团队，重要科研成果有力支撑了地区经济发展。2013 年重庆市统计数据显示，普通高等学校在校人数达到 70.76 万人，教育经费支出达到 654.01 亿元，较 2012 年上升 1.65 个百分点。

最后，重庆市未来发展机遇较好，市场潜力巨大。实践证明，重庆市自直辖以来，社会经济等各方面取得了显著成就，各项事业均有序进行，拥有了继续发展的良好基础。同时，2014 年，李克强总理强调推进"长江经济带"发展战略，以及"一带一路"发展规划，也为重庆市长远发展提供了重要的发展机遇。

十八届三中全会以来，重庆市紧紧抓住"发展"和"民生"两大主题，深化各方面改革，扩大开放领域，积极引导"走出去"与"引进来"，统筹推进工业化、信息化、城镇化和农业现代化建设，继续实施五大功能区发展战略，保障社会安定团结和经济健康发展，人民生活水平及质量得到不断提升。《2013 年重庆市国民经济和社会发展统计公报》数据显示，2013 年，重庆市地区生产总值达到 12656.69 亿元，较 2012 年增长 12.3%；公共财政预算收入 1693.24 亿元，增长 15.5%；全社会固定资产投资 11205.03 亿元，增长 19.5%；社会消费品零售总额 4512 亿元，增长

14.0%；进出口总值 687.04 亿美元，增长 29.1%；城镇居民人均可支配收入 25216 元，增长 9.8%；农民人均纯收入 8332 元，增长 12.8%[①]，重庆市各项经济指标处于良性发展区间。

第二节　2013 年重庆市房地产市场分析

1997 年，重庆市直辖以来，城市化进程不断加快，由此催生并带动了房地产业的较快增长。伴随国务院在房地产市场颁布一系列规章制度，重庆市房地产业在宏观调控环境中趋势较为平稳，房地产业开发规模有所扩大。

2013 年，全国经济保持"稳中求进"的发展总思路，经济发展下行压力加大，经济增长逐渐放缓，社会经济逐渐进入发展"新常态"，而重庆市房地产市场整体运行较为平稳。房地产开发投资保持继续增长态势，达到 3012.78 亿元，增长 20.1%；商品房新开工和施工面积较年初实现稳步推进，竣工面积有所下滑。其中，新开工面积 7641.63 万平方米，增长 31.4 个百分点，施工面积 26251.89 万平方米，增长 19.3 个百分点，竣工面积达到 3804.36 万平方米，下滑 4.7 个百分点；全年商品房销售面积呈上升趋势，共销售 4817.56 万平方米，其中住宅销售面积 4359.19 万平方米，增长 6.2%。[②]

同时，西部大开发战略带动重庆市城镇化速度，2013 年，重庆市常住人口城镇化率为 58.34%，该比例呈逐年递增状态。而 2013 年城市居民人均可支配收入达到 25216 元，比 2012 年增长 9.8%。[③] 由此可见，重庆市对房产的需求空间较大，对房产的购买能力有所提高，房地产市场呈现良好态势。

一　2013 年宏观经济形势分析

（一）国内生产总值水平

美国经济学家西蒙·库兹涅茨经过统计数据分析，认为宏观经济增长率与房地产业发展状况之间存在着密切关联（见表 3 - 1），二者之间呈较

---

① 《2013 年重庆市国民经济和社会发展统计公报》。
② 重庆市统计局。
③ 人民网重庆视窗。

为明显的正相关关系，经济增长率水平低，房地产业处于萎缩阶段；而一旦经济增长率提升，则房地产市场处于增长阶段，发展速度也随之加快。

表 3-1 经济增长率与房地产业发展状况对比

经济增长率	房地产业发展状况
小于4%	萎缩
4%—5%	停滞甚至倒退
5%—8%	稳定发展
大于8%	高速发展
10%—15%	飞速发展

资料来源：罗隆昌：《房地产业宏观管理》，经济管理出版社1999年版。

中国经济发展水平一般利用国内生产总值（GDP）表征，该指标是一个国家（或地区）所有常驻单位在一定时期内生产活动的最终成果，也是国民经济核算的核心指标，更成为衡量一个国家或地区总体经济状况的重要标尺。同时，该指标能够反映出一个国家的经济发展规模、经济结构和人民的平均生活水平。

一个国家经济运行良好，表明该国各行业生产活动相对活跃，经济增长带动了基础设施的配套需求，为匹配不断增长的经济发展规模，必然要求完善相关厂房、写字楼、住宅以及生活配套服务，也就带动了房地产市场的发展。反之，如果一个国家经济发展呈衰退迹象，社会各项事业发展不景气，则经济发展速度、质量也必然受到影响，对房地产的需求降低，并形成恶性循环，最终导致经济崩溃，社会秩序不稳定。因此，经济增长与房地产业发展状况之间呈现正相关性。

图 3-1 显示，受国际、国内两个市场的综合影响，2011年以来，全国和重庆市 GDP 增长率发展增速放缓，特别是2013年以来，中国经济出现了由高速增长向中高速增长变化的"新常态"，而重庆市经济增长也受到大环境影响，表现出下降趋势，经济增速到第四季度达到12.3%，增速为全国第三。但总体而言，重庆市经济发展速度较高于全国水平，2011年，重庆市 GDP 就已经突破了10000亿元大关，2013年年底，重庆市 GDP 为12656.69亿元，比2012年增长12.3%，人均 GDP 达到42976.88元①，

---

① 重庆市统计信息网。

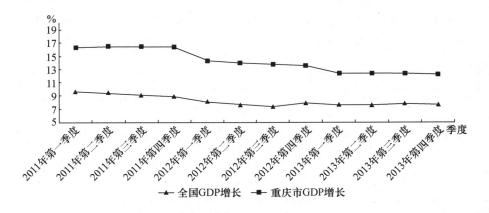

图 3 - 1　2011—2013 年全国及重庆市 GDP 季度增长率

高于全国水平。经济的发展为固定资产投资，特别是重庆市房地产市场注入了更多的资金，为房地产业提供了必要的资金准备。

（二）消费者物价指数

通货膨胀是指在信用货币制度下，流通中的货币数量超过实际需要而引起的货币贬值和物价水平持续上涨的经济现象。也就是说，市场中货币流通量大，使得人民持有的货币持续增加，购买能力相应地有所下降，最终导致物价水平的不断上涨。通货膨胀环境下，公众将手中闲散的资金转向投资房地产市场，以获取收益，使资金得到保值升值，大量资金的涌入抬升了房地产价格，使得生活成本加大。2013 年，重庆市居民消费价格指数保持在平稳较低水平，并且与全国 CPI 涨幅保持同步走势（见图 3 - 2）。相对温和的通胀压力，有利于经济发展，也有助于重庆市房价趋于稳定。

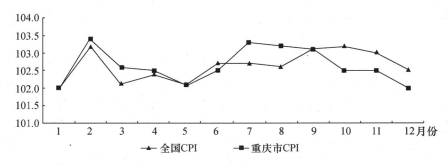

图 3 - 2　2013 年全国及重庆市 CPI 月度数据

同时，2013 年重庆市货币供给量保持稳步提升，资金量大，市场流动性比较充足，保障了购房者的合理需求；而维持稳健的货币政策，加快金融市场化进程，又在另一侧面导致新增贷款量增加，有利于楼市发展。

（三）固定资产投资

固定资产投资是建造和购置固定资产的经济活动，即固定资产再生产活动。固定资产再生产过程包括固定资产更新（局部或全部更新）、改建、扩建、新建等活动。固定资产投资是社会固定资产再生产的主要手段。固定资产投资额是以货币表现的建造和购置固定资产活动的工作量，它是反映固定资产投资规模、速度、比例关系和使用方向的综合性指标。2013 年，全国固定资产投资总额有所上涨，为房地产市场开发提供了有力的资金支持，有助于房地产市场的发展。

2013 年，重庆市固定资产投资达到 10285.3 万元人民币，环比增长11.75%，其中，房地产开发资产投资额达到 3012.8 万元，占总固定资产投资额的 29.3%（见图 3 - 3 和图 3 - 4）。[①] 按月份来看，年初房地产开发投资增速较快，而伴随经济总体形势的走低，房地产开发投资增速在年末逐渐放缓。

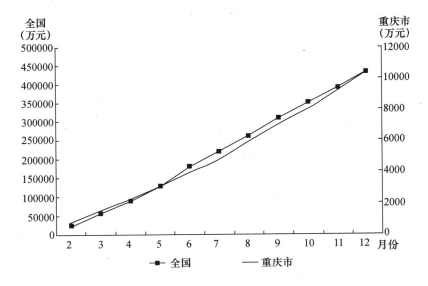

图 3 - 3　2013 年全国及重庆市固定资产投资额

---

① 国家统计局、重庆市统计局。

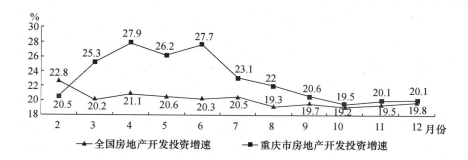

图3-4 2013年全国及重庆市房地产开发投资增速

（四）法律法规

中国是法治国家，加大法律法规建设，将有效地促进重庆市房地产市场的稳定。2013年，重庆市发布了几十项有关房地产市场的调控法规（见表3-2）。

表3-2 　　　　　　　　**2013年重庆市有关房地产市场调控法规**

时间	发布单位	政策文件
2013年1月10日	重庆市国土房管局	重庆房地产税起征点提高627元
2013年1月25日	重庆市政府	《重庆市人民政府办公厅关于印发重庆市新建居民住宅小区供配电设施建设管理办法（试行）的通知》
2013年3月21日	重庆市发改委	重庆本年将试点农房交易
2013年3月30日	重庆市政府	《关于继续做好房地产市场调控工作的通知》
2013年4月16日	重庆市国土局	房产税全部用于公租房建设
2013年5月10日	重庆市公用租赁房管理局	严格公租房退出机制，防止利益输送
2013年6月4日	重庆市城乡建委	《重庆市房地产开发行业信用体系建设与管理暂行办法》
2013年6月24日	重庆市城乡建委	关于印发《重庆市房屋建筑和市政基础设施工程勘察范围暂行规定》的通知
2013年7月23日	重庆市政府	《重庆市人民政府关于调整主城区城镇土地使用税等级税额标准的通知》
2013年7月25日	重庆市城乡建委	关于印发《重庆市房屋建筑和市政基础工程勘察文件审查合格书》（2013年版）的通知
2013年7月26日	重庆市政府	《重庆市人民政府关于进一步调整征地补偿安置标准有关事项的通知》

续表

时间	发布单位	政策文件
2013 年 7 月 31 日	重庆市国土局	土地竞拍保证金由原来起拍价格的 20% 提高到 50%
2013 年 8 月 6 日	重庆市商委	《关于增加主城区核心商圈的通知》
2013 年 10 月 12 日	重庆市政府	《重庆市人民政府关于加强公租房社区建设工作的意见》
2013 年 11 月 25 日	重庆市商委	《重庆市人民政府关于加快中央商务区建设的意见》
2013 年 11 月 29 日	重庆市财政局	《关于个人首次购房按揭财政补助政策申报时限的补充通知》
2013 年 11 月 30	重庆市政府	《重庆市城市房地产开发经营管理条例（修订草稿）》

资料来源：锐理：《2013 年重庆主城区房地产市场年报》，2014 年 1 月。

二　2013 年重庆市房价分析

2013 年，重庆市房地产市场整体运行平稳，政府对房地产价格的调控目标基本实现，保障了房地产价格处于基本稳定区间。其中，主城九区新建商品房住房成交建筑面积均价为 6803 元/平方米。[1]

2013 年 3 月 30 日，重庆市人民政府办公厅出台《关于继续做好房地产市场调控工作的通知》，其中明确提出：房地产价格的调控目标是主城区新建商品房住宅价格增幅低于城镇居民人均可支配收入的实际增幅。2013 年实际运行情况是，重庆市在全国多数城市房价快速上涨的整体形势下，实现新建商品住房价格同比增长 6.86%，增幅低于城镇居民可支配收入增幅的 9.8%，完成了既定目标，也保证了商品房价格的平稳。

图 3 - 5 显示，2013 年 8 月，重庆市商品房销售均价达到该年度最高值的 7586 元/平方米，而 2014 年 1 月为 7626 元/平方米[2]，成为近几个月房价最高值，但总体而言，重庆市商品房销售均价保持在 8000 元/平方米以下，较同等发展水平的城市均价偏低。

（一）重庆市房价分布

2013 年搜房重庆站数据显示，重庆市商品房销售均价在 4000 元/平方米以下的房地产仅占 5%，4000—6000 元/平方米的房地产约占 27%，6000—8000 元/平方米的占 23%，8000—10000 元/平方米的约占 27%，而高于 10000 元/平方米的商品房占 17% 左右（见图 3 - 6）。由此，重庆

---

① 重庆市国土资源和房屋管理局公众信息网。

② 搜房重庆站。

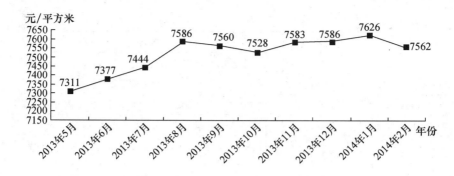

图 3 − 5　2013 年 5 月至 2014 年 2 月重庆市商品房销售价格

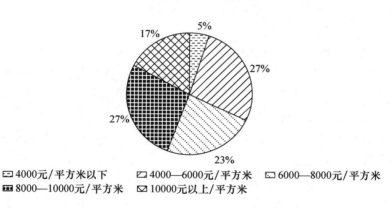

□ 4000元/平方米以下　　□ 4000—6000元/平方米　　□ 6000—8000元/平方米
□ 8000—10000元/平方米　　□ 10000以上/平方米

图 3 − 6　2013 年重庆市房地产商品房销售价格区间

市房价在 6000—10000 元/平方米之间的比重较大，约占整体商品房销售市场的 50% 左右，成为 2013 年重庆市房地产的销售主体。

（二）重庆市主城区房价

重庆市主城区主要包含渝中、九龙坡、沙坪坝、大渡口、南岸、巴南、江北、渝北、北碚 9 个辖区，2013 年，新建商品住房成交建筑面积均价为 6803 元/平方米，该指标在 2010 年和 2011 年分别为 5762 元/平方米和 6390 元/平方米。

"搜房网数据监控中心"统计数据显示，2013 年，重庆市主城区在售的 560 个楼盘中，有 414 个楼盘保持价格稳定，占楼盘总数的 74%；而有 98 个楼盘价格表现出上涨态势，占楼盘总数的 18%；仅有 40 个楼盘的销售价格出现下跌，占 7%。因此，2013 年，重庆市商品房销售价格在保持稳定的前提下，出现了小幅度的上扬（见图 3 − 7）。

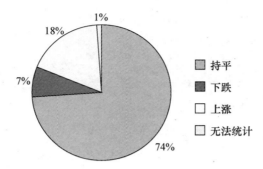

图3-7　2013年重庆市（主城区）房地产商品房销售价格增减情况

就各区商品房销售均价而言，1月，北部新区均价最高，为8260元/平方米，最低为北碚区的5850元/平方米；12月，商品房销售均价最高和最低的是渝中区、北碚区，分别为7994元/平方米、6039元/平方米。总体而言，重庆市主城区2013年1月商品房销售均价为7273元/平方米，12月增长为7586元/平方米，涨幅4.3%（见表3-3）。由此可见，相关政策的出台，有力稳定了重庆市整体房地产市场的发展。

表3-3　　　　　　　2013年重庆市主城区商品房销售价格

单位：元/平方米、%

区域	1月均价	12月均价	涨跌幅度
江北区	7733	7957	2.9
渝北区	7492	7586	1.25
北碚区	5850	6039	3.23
北部新区	8260	7709	-6.67
渝中区	7532	7994	6.13
沙坪坝区	7034	7586	7.85
巴南区	5885	6152	4.54
大渡口区	6817	6983	2.44
南岸区	7707	7907	2.6
高新区	6700	7080	5.67
九龙坡区	6759	7046	4.25
合计	7273	7586	4.3%

资料来源：搜房网数据监控中心。

由表 3 - 3 可知，主城九区中，仅北部新区商品房销售价格出现下跌外，其余均呈现不同程度的上浮。其中，沙坪坝区上涨速度最快，达到 7.85%，渝中区、高新区分列第二、第三位，分别为 6.13% 和 5.67%。总体而言，重庆市商品房价格在 2013 年基本保持稳定。

（三）地铁沿线房价

交通条件是购房者选择房源的重要考虑因素之一，便利的交通可为上下班节省更多时间，同时，交通便利区域也聚集了大量的人群，出现不同的经济发展群。

图 3 - 8　重庆市地铁交通轨道运行图示

其中，地铁沿线是最重要的地段，自 2004 年 11 月重庆市轨道交通开通运营以来，对地区经济发挥了不可替代的积极作用。截至 2013 年年底，重庆市共有地铁运营线路 5 条，其中，4 号、5 号线一期工程也于 12 月正式开工建设，运营里程已突破 160 公里，日最高客运量突破百万人次。

地铁沿线地区是城市居民居住或经济的聚集点。因此，地铁沿线房价是各个城市房价较高的地区之一，加大了解重庆市地铁沿线房价，对于全面分析、把握重庆市房价有重要作用。以重庆市 1 号线为例，选取较为重要的几个站点，并对其周边住宅类型进行房价分析，得到表 3 - 4。

由表 3 - 4 可以得出，重庆市地铁 1 号线附近，虽然房价均高于重庆市均价，尤其以校场口写字楼最高，其他各类型商品房价格较均价上涨空间不大，但是，相比北京、上海等直辖市地铁沿线房价而言，重庆市地铁沿线房地产价格相对稳定。

表 3－4　　　　　　　　重庆市地铁 1 号线站点周边房价

站点	项目名称	物业类型	项目价格
校场口	英利国际金融中心	写字楼	最低 28000 元/平方米
七星岗	重宾保利国际广场	写字楼	
两路口站	新干线	高尚住宅	平均 15000 元/平方米
鹅岭站	春语江山	高尚住宅、花园洋房	平均 8500 元/平方米
大坪站	中庚香江美地	高尚住宅	最低 6800 元/平方米
石油路站	恒大名都	高层、小高层	最低 9700 元/平方米
	万科锦程	高层、洋房	平均 11552 元/平方米
	龙湖时代天街	城市综合体	待定
石桥铺站	业安半山公馆	花园洋房、高层	平均 9200 元/平方米
沙坪坝站	融汇国际温泉城	普通住宅	低价 7580 元/平方米

（四）学区房

作为中国教育体制下的一种独特现象，学区房往往成为开发商着重考虑的区域，该区域房屋具有不断升值的可能性，学区房单价相对其他地段而言较高。为了不让孩子输在教育起跑线上，多数家庭均不惜重金购买教育质量好的学区房。伴随房地产市场调控政策的收紧，其投资优势更是逐渐显现。

从图 3－9 可以看出，2012 年较 2010 年各区学区房均价都有所提高，平均增长 29.68%。其中，渝中区涨幅最明显，达到 44.39%，涨幅最低的为北碚区，两年间增长 7.94%。①

2014 年 3 月 26 日，重庆市人民代表大会审议并通过了《重庆市人口与计划生育条例修正案》，这也就意味着，重庆市已经开始逐步放开"二孩"政策。由于该政策的放开，部分夫妻可能会考虑生育第二个孩子，这就带来了新的一批城镇婴儿，也必然催生了更多的学区房和未来二十年后的住宅需求。同时，2014 年年初，《教育部关于进一步做好小学升入初中免试就近入学工作的实施意见》后，教育部将具体工作再一次聚焦在

---

① 365 地产家居网。

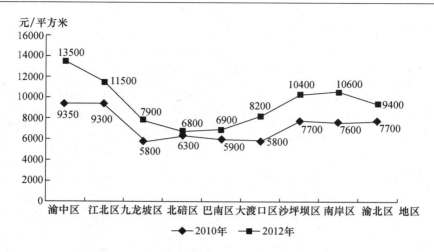

图 3-9 2010 年和 2012 年重庆市学区房销售均价

19 个大城市中，并印发《教育部办公厅关于进一步做好重点大城市义务教育免试就近入学工作的通知》，而 19 个大城市中就包括重庆市在内。重庆市教委负责人表示，目前，全市已经开始全面实施义务教育阶段划片招生、就近入学等相关工作。并预计在 2015 年，重庆市所有区县实行100% 的小学划片就近入学，90% 以上的初中实现划片入学的相关制度。调查报告显示，重庆市主城区学区房的供给与需求比率为 1:26.8。也就是说，为了得到 1 处学区房，有近 27 个人在竞争，出现严重的供不应求。

（五）婚房

第六次人口普查结果显示，2010 年，重庆市 20—24 岁男性人口达到1058172 人，女性人口 1090894 人，25—29 岁男性人口数为 764663 人，女性 801310 人，而 2010 年重庆市总人口数 2885 万人①，预计结婚人数占总体人口约 12.88%，此部分人口多已到结婚年龄，对于房产的需求更加急切，大部分年轻人对于婚房会有更多的选择，在区位上，选取离单位较近、离商圈较近；在子女教育问题上，选取学区房；在户型的选择上，多以二居室为主。这部分人口催生了新的房产商机，也在一定程度上加剧了某些优势地段商品房销售价格的上涨。

（六）五个功能区对房价的影响

2013 年 9 月，重庆市委四届三次会议明确提出，在综合考虑人口、

---

① 《重庆市 2010 年人口普查资料》和《中国统计年鉴》（2013）。

资源、环境、经济、社会和文化等因素影响下，将重庆市进行功能区域划分，共分为都市功能核心区、都市功能拓展区、城市发展新区、渝东北生态涵养发展区和渝东南生态保护发展区五个功能区域（见图3-10）。

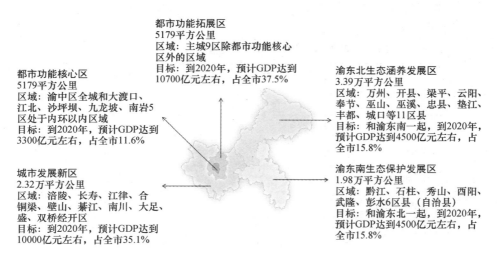

都市功能拓展区
5179平方公里
区域：主城9区除都市功能核心区外的区域
目标：到2020年，预计GDP达到10700亿元左右，占全市37.5%

都市功能核心区
5179平方公里
区域：渝中区全城和大渡口、江北、沙坪坝、九龙坡、南岩5区处于内环以内区域
目标：到2020年，预计GDP达到3300亿元左右，占全市11.6%

渝东北生态涵养发展区
3.39万平方公里
区域：万州、开县、梁平、云阳、奉节、巫山、巫溪、忠县、垫江、丰都、城口等11区县
目标：和渝东南一起，到2020年，预计GDP达到4500亿元左右，占全市15.8%

城市发展新区
2.32万平方公里
区域：涪陵、长寿、江律、合铜梁、壁山、綦江、南川、大足、盛、双桥经开区
目标：到2020年，预计GDP达到10000亿元左右，占全市35.1%

渝东南生态保护发展区
1.98万平方公里
区域：黔江、石柱、秀山、酉阳、武隆、彭水6区县（自治县）
目标：和渝东北一起，到2020年，预计GDP达到4500亿元左右，占全市15.8%

图3-10 重庆市五大功能分区

五大功能分区是在重庆市实施"一圈两翼"发展战略规划基础上，进一步明确各区县功能，实行差异化发展战略，有助于进一步拓宽城市发展空间，延伸城市格局，在更大范围内实现资源的优化配置，实现又好又快发展。而生态涵养发展区和生态保护发展区的重组，表明重庆市在尊重生态文明建设方面又迈出了更坚实的一步，能够更好处理经济发展与生态保护之间的协调。总体而言，五大功能分区的划分，为今后重庆市发展提供了新的定位、发展重点和改革方向，有利于重庆市整合优势资源、提升城市效能。

五大功能分区在一定程度上体现了重庆市政府在未来发展规划中对自身发展能力与趋势的预判。五大功能分区有利于重庆市进一步找准坐标，轻装上阵，加快国家中心城市的建设；有利于明确发展使命，回归本位，加快国家生态屏障的建设；有利于转换思维，合作共赢，加快中国第四增长极的建设。

科学划分功能区域体现了发展的规律、改革的精神、创新的理念，是在新的发展节点上重庆区域发展战略的细化。同时，五大功能分区遵循区域经济演化规律，有利于打破行政区划樊篱，突出各功能板块的比较优势；结合重庆客观特殊市情，有利于对接国家战略部署，明晰各功能板块的工作重心；分区立足于体制机制创新，有利于释放改革红利，形成重庆长期增长的内生动力。①

表3-5   2013年重庆市五大功能分区城镇居民人均可支配收入

区　县	第一至第四季度城镇居民人均可支配收入	
	绝对额（元）	同比增减（%）
全市	25216	9.8
都市功能核心区	27168	9.2
都市功能拓展区	27055	9.5
城市发展新区	23836	9.5
渝东北生态涵养发展区	21287	10.3
渝东南生态保护发展区	20144	11.1

　　区别对待五大功能区的房价，也将有助于稳定重庆市商品房销售价格，保证房地产价格在合理区间变动。表3-5显示，五大功能分区中，都市功能核心区与都市功能拓展区人均可支配收入较高，分别达到27168元、27055元。因此，对房地产行业的投资力度也大，房地产开发投资额度达到1273.97亿元、660.56亿元，而渝东北生态涵养发展区和渝东南生态保护发展区由于地理位置较偏，人均可支配收入较少，仅21287元、20144元，在房地产行业中的投入也较低，为245.24亿元、95.06亿元（见图3-11）。

　　三　2013年主要资金来源分析

　　2013年，重庆市房地产开发资金来源共5846.84亿元，较2012年增长14.5%，实际到位资金达到4614.06亿元，同比增加19.1%。综合分析本年度资金主要来源如下：

---

　　① 王胜：《科学认识五大功能分区的战略深意》，《重庆日报》2013年12月6日。

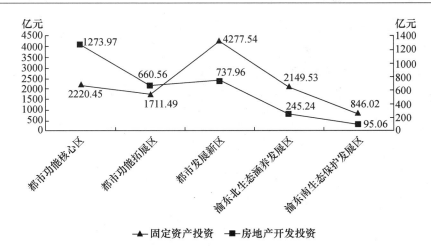

图 3 – 11　2013 年重庆市五大功能分区固定资产投资与房地产开发投资额

首先，重庆市三大主要资金来源增速有所减缓。资金来源中主要分为国内贷款、自筹资金和其他基金三部分，共占 2013 年度到位资金总额的 99%。在上半年资金有所上扬的基础上，下半年，开始出现增速放缓局面，从而导致了重庆市整体资金增速下降。其中，国内贷款 1112.29 亿元，增长 54.3%，较上半年下降 22.4 个百分点；企业自筹资金 1263.70 亿元，增长 6.8%，较上半年下降 5.3 个百分点；以定金、预收款和个人按揭等回笼资金为主的其他资金 2193.89 亿元，增长 12.6%，较上半年下降 21.2 个百分点。①

其次，资金充裕度出现小幅下跌。受美国金融危机影响，全球经济出现一定程度的下滑，重庆市房地产市场也不例外。2009 年，重庆市房地产市场开始逐渐复苏，呈现出供需两旺的局面，资金到位率达到 177.8%，如此大的现金流回笼为重庆市房地产企业提供了强有力的资金支持，也促进了房地产市场的快速发展；2010 年，形势继续看好，资金到位率突破 200%，达到 212.3%；到 2011 年，重庆市房地产企业资金充裕度已经达到近年来最高值的 220.0%；但随后的 2012 年，由于受到国家宏观调控政策的影响，企业资金充裕度开始出现下滑趋势，从表 3 – 6 可以看出，资金到位率由 2011 年的 220.0% 下降至 2012 年的 203.7%，

---

① 　重庆市统计局。

2013 年更是再次回落到 200% 以下，达到 194.1%。①

表 3 - 6　　　　　近五年来重庆市房地产开发投资资金来源情况　单位：亿元、%

年份	本年完成投资总额	资金来源	资金到位率
2009	1238.91	2202.67	177.8
2010	1620.26	3439.37	212.3
2011	2015.09	4433.28	220.0
2012	2508.35	5108.30	203.7
2013	3012.78	5846.84	194.1

第三节　重庆市房地产企业

2013 年，重庆市房地产企业发展态势良好，无论是本土企业，还是外来企业，整体销售业绩均取得了较好成绩。其中，本土两大品牌——龙湖和金科销售成绩更是不俗，龙湖本年度成交金额突破 100 亿元，达到 109.18 亿元，领跑重庆市整体房地产企业。据重庆主城区商品房网上签约数据，截至 2013 年 12 月 31 日，重庆龙湖地产发展有限公司以 13235 套的成交量领跑各大房企，融创中国重庆公司和保利（重庆）投资实业有限公司分别以 7830 套、7326 套的成绩居第二、第三位，重庆龙湖地产发展有限公司以超出第二名融创中国重庆公司 5000 多套的巨大优势成绩蝉联销售冠军。②

销售成交额排名前十的重庆市房地产企业在 2013 年度成交金额接近 533 亿元。而重庆龙湖地产发展有限公司更是以 109.18 亿元处于领先地位，位居榜首。融创中国重庆公司以 81.22 亿元名列第二位，保利（重庆）投资实业有限公司处于第三位，成交金额 53.72 亿元③，排名前三家的企业成交额占据了前十位的 45.8%（见表 3 - 7）。

---

① 　重庆市统计局。
② 　《2013 年度重庆楼市白皮书》。
③ 　同上。

表 3-7 显示，2013 年，位于重庆市房地产企业成交金额前十名的房企中，本土品牌企业仍然占据重要地位。其中，重庆龙湖地产发展有限公司表现最为突出，重庆金科房地产开发有限公司、重庆东原房地产开发有限公司、协信地产控股有限公司、重庆融汇地产（集团）有限公司也分别以 46.16 亿元、44.32 亿元、39.01 亿元、28.16 亿元的成交金额位居前十名，占据了前十名成交金额总数的 50% 以上。①

表 3-7	2013 年重庆市房企销售成交金额前十名	单位：亿元
排名	企业	成交金额
1	重庆龙湖地产发展有限公司	109.18
2	融创中国重庆公司	81.22
3	保利（重庆）投资实业有限公司	53.72
4	万科（重庆）房地产有限公司	50.39
5	中海地产重庆有限公司	50.00
6	重庆金科房地产开发有限公司	46.16
7	重庆东原房地产开发有限公司	44.32
8	协信地产控股有限公司	39.01
9	香港置地集团（重庆公司）	30.82
10	重庆融汇地产（集团）有限公司	28.16

成交面积。重庆龙湖地产发展有限公司以 112.81 万平方米处于绝对领先地位，而融创中国重庆公司紧随其后，为 78.66 万平方米，保利（重庆）投资实业有限公司、重庆金科房地产开发有限公司和万科（重庆）房地产有限公司列第三位至第五位，成交面积分别为 69.39 万平方米、58.96 万平方米和 55.55 万平方米（见表 3-8）。②

---

① 《2013 年度重庆楼市白皮书》。

② 同上。

表 3 – 8	2013 年重庆市房企销售成交面积前十名	单位：万平方米
排名	企业	成交面积
1	重庆龙湖地产发展有限公司	112.81
2	融创中国重庆公司	78.66
3	保利（重庆）投资实业有限公司	69.39
4	重庆金科房地产开发有限公司	58.96
5	万科（重庆）房地产有限公司	55.55
6	中海地产重庆有限公司	50.72
7	协信地产控股有限公司	48.83
8	重庆东原房地产开发有限公司	48.60
9	重庆融汇地产（集团）有限公司	42.77
10	重庆晋渝地产（集团）股份有限公司	33.31

第四节　重庆市房地产市场发展过程中存在的问题

一　房产税实施效果有待检验

　　1986 年 9 月 15 日，国务院颁布实施《中华人民共和国房产税暂行条例》，要求从 1986 年 10 月 1 日起，对在中国有房产的外商投资企业、外国企业和外籍人员征收城市房地产税。此时的房产税，作为一种直接税种，以房屋为征税对象，按房屋的计税余值或租金收入为计税依据，向产权所有人征收。而现行的房产税则是在利改税后开始征收的。2010 年 7 月 22 日，财政部决定从个别城市开始试点房产税，重庆市作为其中之一的直辖市从 2011 年开始征收房产税。但是，就房产税的征收效果来看，无论是重庆市，还是上海市都差强人意。十八届三中全会中提出要进一步加强对房地产税的征收，也在一个侧面反映出重庆市和上海市的房产税征收效果不明显。甚至上海市和重庆市的征税结果受到了许多政协委员的否认。之所以出现这种局面，原因在于房产税与其他税种有区别，房地产税作为财产税的一种，其征税的对象是土地和房产，但是在中国国情下，房地产的财产主体是分开的，分别属于国家和个人，造成了混乱。而国外也无此先例。

据重庆市财政局公布的数据，2011 年，重庆市共征收房产税约 1 亿元。相对于其他税种来说，其在税收总体中所占的比重较小。重庆市市长黄奇帆也指出房产税在一定程度上会对房价起到抑制影响，但是并不会完全左右房价的涨跌，而重庆市开征房产税的象征意义要远大于其实际意义。

从国际经验来看，房产税并不能成为调节房地产价格的工具。在全世界征收房产税的国家和地区中，均属于发达的市场经济地区。加拿大、澳大利亚、新西兰等国家的财产税（主要是房产税）占地方税收的比重都比较高，16 个经济合作与发展组织国家（OECD）这一比重的平均水平约为 43%。1942 年，美国房产税占地方财政收入的比例高达 92.2%，到 1977 年下降到 80%，2007 年，比例仍然达到 72%。1977 年，美国 50 个州征收的房地产税总额为 625 亿美元，到 2007 年达到 3831 亿美元，增加了 5 倍。[①]

但是，迄今为止，上述国家中，还未有任何一个国家或地区通过房产税的征收达到抑制房价的目的。由此可见，重庆市征收房产税，虽然起到了抑制高档房销售的作用，但是还未真正发挥其效能，实施效果有待检验。

二　存在部分投机行为

由于房地产具有建设周期长、使用寿命长及土地供给有限等特点，在商品房购买市场中也存在部分投机性消费者。他们认为，房地产商品既是可供消费的消费品，也可以进行投机，赚取暴利。房地产市场之所以会存在泡沫，也正是因为作为一种商品而言，房地产供给曲线弹性较小，需求曲线弹性较大，给许多投机者以可乘之机。

1998 年住房制度改革以来，压抑多年的城镇居民购房需求得以释放，强大的住房刚性需求相对较为稳定的供给而言催生了不断上涨的房价。房地产价格的上涨也引发了各种投机行为的出现，且大批房地产商开始囤积商品房，进一步抬高商品房销售价格，谋求更大利益。与此同时，住宅空置率居高不下，房地产市场的投机行为扭曲了市场供需关系，给经济社会

---

① 中国网，2014 年 2 月 28 日。

健康发展带来压力。重庆市也存在房地产投机行为，但受制于相关政策，未对房价产生明显影响。

2009 年左右，活跃一时的温州炒房团在重庆市房地产交易市场上也曾经大量购置房产，直接导致房地产价格的上涨。商品房销售价格从 2009 年年初的 3934 元/平方米上涨到 2010 年 8 月的 5967 元/平方米，仅仅用了不到两年的时间，重庆市商品房销售平均价格上涨了 51.67%，可见房地产投机行为是重庆市房地产价格泡沫的直接诱因。

三　区域结构不适应功能分区布局

规划五大功能区布局、推进新型城镇化，是重庆转变经济发展方式、增强内生动力，建成西部地区重要增长极、长江上游地区经济中心的基本依托；是破解城乡二元结构、推动区域协调发展，建设统筹城乡发展直辖市的关键举措；是加快推进"科学发展、富民兴渝"，实现"三个领先"，在西部率先建成全面小康社会的必由之路。在新功能区定位要求下，对重庆市各个功能区的发展目标和前行路线均有不同要求，重庆市房地产开发市场各功能区前景已发生深刻变化，依托各功能区定位、特征和基础的差异化发展态势必然形成，但是，当前重庆市房地产开发市场仍存在以下问题亟待解决。

（一）供给结构与需求结构的错位

从上述分析可以明显看出，近十年来各区域房地产开发市场的供给占比与需求占比存在错位现象。都市功能核心区和拓展区占全市 72.4% 的投资仅满足了 53.5% 的销售面积，城市发展新区占全市 18.1% 的投资满足了 27.8% 的销售面积，渝东北生态涵养发展区占全市 6.8% 的投资满足了 15.6% 的销售面积，渝东南生态保护发展区占全市 2.7% 的投资满足了 3.1% 的销售面积。[①] 各区域之间的投资占比与销售面积占比之差如表 3 - 9 所示，虽然表 3 - 9 中的房地产开发市场供求错位差未考虑房价因素，但从提高生活水平、居住环境的社会福利层面考虑，城市发展新区的房地产开发投资效率明显最高，等额的资源投入该区域后所能满足的商品房销售面积更为显著。

（二）需求差异化与供给同质化的矛盾

重庆市新功能区划分定位主要目的是全面推进新型城镇化，其总体要

---

① 重庆市统计局。

表 3 - 9　　　　　　　　近十年重庆市五大功能区房地产开发

投资、商品房销售面积占比　　　　　单位:%

区域	近十年房地产开发投资占全市比重	近十年商品房销售面积占全市比重	差额
都市功能核心区和拓展区	72.4	53.5	19.0
城市发展新区	18.1	27.8	-9.7
渝东北生态涵养发展区	6.8	15.6	-8.9
渝东南生态保护发展区	2.7	3.1	-0.4

求为，以提高城镇综合承载力、集聚力和辐射力为核心，以加快产业、人口和功能集聚为重点，着力构建以国家中心城市为龙头、区域性中心城市为支撑、区县城为纽带、小城镇为基础单元的大都市连绵带，着力推进城镇集群发展、协调发展、绿色发展和可持续发展，走出一条符合重庆实际的新型城镇化道路。因此，要求重庆市各功能区在城镇化进程中立足本地特征，形成不同结构的房地产开发市场。

当前，重庆市房地产开发市场的需求已初步呈现出差异化特征。从近五年的情况来看，由于城镇人口数量的增长是房地产开发市场发展的主要动力，因此商品住宅销售面积总计达 18596.01 万平方米，占同期商品房销售面积比重的 91.9%，成为房地产市场需求的主导力量。但近期各区域需求结构已产生差异化发展趋势，各区域商品住宅销售面积占比与全市平均水平的差异度正在从积聚转为发散。

当前房地产开发市场供给却未能跟进差异化趋势，投资供给的同质化特征仍较为明显。近五年全市住宅投资总额为 5645.24 亿元，占全市房地产开发投资的比重为 67.4%，各功能区的住宅投资占开发投资比重与全市平均水平相差不大，都市功能核心区和拓展区为 65.2%，城市发展新区为 70.8%，渝东北生态涵养发展为 78.3%，渝东南生态保护发展区为 71.1%，且由图 3 - 12 可见，近期各区域住宅投资占比与全市平均水平的差异度从发散特征转变为向"0"刻度积聚，存在差异缩小的趋势，既不适应新型城镇化发展模式下对各区域房地产开发市场结构调整的目标要求，也不符合已经产生差异化发展趋势的需求结构。①

---

① 重庆市统计局。

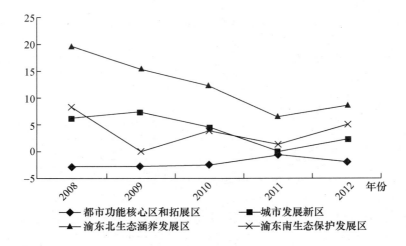

图 3 - 12　2008—2012 年重庆市各区域住宅投资占开发投资比重与全市平均占比差异

第四章　重庆市房地产市场供需分析

第一节　供求理论

在商品经济中，供给和需求双方共同作用于经济，对价格起到一定调节作用，并通过相互变化保持市场平衡，房地产市场也不例外。供求关系的变化必然导致房地产价格变动。因此，认真分析供求理论，是理顺房地产价格和市场平衡的基础。

所谓供求关系，是指房地产市场供给与需求之间变动的总称。供给是指生产者在一定的市场和某一特定时期内，与某一价格相对应、愿意并且能够供给的商品数量。在市场经济中，一个生产部门原材料价格的变动，会决定这个部门对原材料的需求，从而决定这个部门的生产，最终影响商品的价格。如果商品价格下跌，供给就会减少；商品价格上涨，供给就会增加，供给反映了一种交换关系，因而是社会生产关系的组成部分。而需求是指消费者在特定时期内和一定市场上，按某一价格愿意并且能够购买的某种商品的数量。当影响商品需求量的其他因素不变时，商品的需求量随着商品价格的上升而减少，随着商品价格的下降而增加。

在自由竞争市场中，供给和需求的相互变动导致价格的变动，当供给与需求共同达到一个平衡点时，市场才会出现均衡价格，在该均衡点上，商品的供给量和需求量是相等的，此种状态是市场机制自我调整的结果。而一般情况下，价格表现为在均衡价格附近的上下波动。

一　经济学论述

经济学中，所谓的均衡价格，是指能够保持某种商品的需求量和供给量平衡时的价格。其实质在于供给与需求的变动关系，是供求双方为达到均衡价格而不断平衡的过程。价格使供给与需求达到均衡状态时的点被称为均衡点。在该点上，商品的供给量等于需求量，此价格变为均衡价格。正如图4-1所示，图中 D 曲线为商品需求曲线，为一条向右下方倾斜的曲线，而 S 曲线为商品供给曲线，为一条向右上方倾斜的曲线，E 点为均衡点，所对应的价格 P_e 即为该商品的均衡价格，而 Q_e 为商品的均衡数量。

接下来，就需要考虑图4-1中的均衡价格 P_e 是如何产生的。以下分两种情形进行解释：

首先，如图4-2所示，假若定价为 P_1，则高于均衡价格的 P_e，那么此时对应的供给量要远大于需求量，在市场上就形成了供大于求的局面，大量商品卖不出去，买方市场疲软。在市场调节作用下，卖方不得不逐渐降低商品价格，从而迫使价格趋于均衡点（即从 P_1 趋向 P_e），厂商将生产规模也降低到均衡点的水平，以最终达到均衡状态。

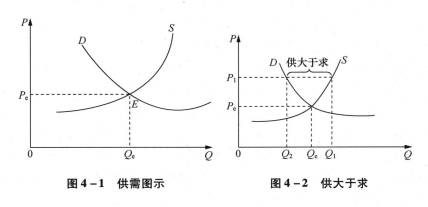

图4-1　供需图示　　　　　图4-2　供大于求

其次，如图4-3所示，假若定价为 P_2，则低于均衡价格 P_e，此时对应的需求量大于供给量，在市场上形成了供小于求的局面，市场规模满足不了既有的需求量，形成需求过剩。于是，市场迫使价格产生上升的推力，鼓励厂商生产，给予厂商足够的利润，促使生产厂商增加生产规模，提高供给水平，从而价格趋于均衡点（即从 P_2 趋向 P_e），最终达到平衡状态。

综上所述，商品的均衡价格是需求和供给相互作用的结果，通过供给与需求的变动使得商品的价格趋于均衡状态，实现供给量等于需求量。在该种状态下，既不存在供给过剩，也不会出现需求过剩问题，市场处于"出清"状态。市场均衡意味着市场的参与双方相互协调，是为共同利益而妥协达到最终的平衡，也只有达到均衡状态，才能满足供求双方的利益要求。

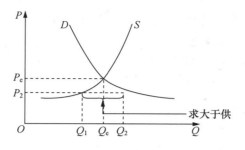

图 4 - 3　求大于供

二　影响房地产市场供给的因素

近年来，房地产市场价格表现上扬趋势，分析其价格变动对于研究中国房地产市场的整体状况具有重要意义。因此，应厘清影响房地产市场价格的因素，才能进行更好的评判。影响房地产供求关系变化的因素有很多，归纳而言，主要有以下几方面：

（一）房地产开发成本

房地产开发成本是指房地产企业为开发一定数量的商品房所支出的全部费用。构成房地产开发企业产品的开发成本，相当于工业产品的制造成本和建筑安装工程的施工成本。如果计算房地产开发企业产品的完全成本，还要计算开发企业（公司本部）行政管理部门为组织和管理开发经营活动而发生的管理费用，财务费用，以及为销售、出租、转让开发产品而发生的销售费用。

1. 土地使用权出让金

国家以土地所有者身份，将一定年限内的土地使用权有偿出让给土地使用者。土地使用者支付土地出让金的估算可参照政府前期出让的类似地块的出让金数额并进行时间、地段、用途、临街状况、建筑容积率、土地出让年限、周围环境状况及土地现状等因素的修正得到；也可依据所在城市人民政府颁布的城市基准地价或平均标定地价，根据项目所在地段等级、用途、容积率、使用年限等因素修正得到。

2. 土地征收及拆迁安置补偿费

（1）土地片收费。国家建设征收农村土地发生的费用主要有土地补偿费、劳动力安置补助费、水利设施维修分摊、青苗补偿费、耕地占用税、耕地垦复基金、征地管理费等。农村土地征收费的估算可参照国家和地方有关规定进行。

（2）房屋征收安置补偿费。在城镇地区，国家和地方政府可以依据法定程序，将国有储备土地或已由企、事业单位或个人使用的土地出让给房地产开发项目或其他建设项目使用。因出让土地使原用地单位或个人造成经济损失，新用地单位应按规定给予补偿。它实际上包括两部分费用，即房屋征收安置费和征收补偿费。

（3）前期工程费。前期工程费主要包括：

①项目的规划、设计、可行性研究所需费用。一般可以按项目总投资额的一定百分比估算。通常规划及设计费为建安工程费的3%左右，水文地质勘探费可根据所需工作量结合有关收费标准估算。

②"三通一平"等土地开发费用。主要包括地上原有建筑物、构筑物拆除费用、场地平整费和通水、通电、通路的费用等。这些费用可以根据实际工作量，参照有关计费标准估算。

（4）建安工程费。它是指直接用于建安工程建设的总成本费用。主要包括建筑工程费（建筑、特殊装修工程费）、设备及安装工程费（给排水、电气照明、电梯、空调、燃气管道、消防、防雷、弱电等设备及安装）以及室内装修工程费等。在可行性研究阶段，建安工程费可采用单元估算法、单位指标估算法、工程量近似匡算法、概算指标估算法以及类似工程经验估算法等估算。

（5）基础设施费。它又称红线内工程费，包括供水、供电、供气、道路、绿化、排污、排洪、电信、环卫等工程费用，通常采用单位指标估算法来计算。

（6）公共配套设施费。它主要包括不能有偿转让的开发小区内公共配套设施发生的支出。其估算可参照"建安工程费"的估算方法。

（7）不可预见费。它包括基本预备费和涨价预备费。依据项目的复杂程度和前述各项费用估算的准确程度，以上述1—6项之和为基数，按3%—5%计算。

（8）开发期间税费。开发项目投资估算应考虑项目在开发过程中所负担的各种税金和地方政府或有关部门征收的费用。在一些大中城市，这部分费用在开发建设项目投资构成中占较大比重。应根据当地有关法规标准估算。

总体而言，开发商进行房地产开发的主要目的在于获利，对于开发成本的控制是其获取利润多寡的重要环节。房地产开发过程中，开发商需要就人力、物力、技术等方面进行投入，大量的资金投入使得生产要素的价格开始上升，特别是近几年以来，劳动力成本以及原材料的价格上涨，使得开发商的利润受到影响。如果该部分价格上涨，开发成本必然增加，那么在既定销售价格不变的前提下，开发商的利润就会受到损失，从而使得开发商的供给量降低。反之，开发商则会不断增加商品房供给，以谋求更多利润。但是，房地产开发成本的变动也并不绝对影响商品房供给总量的变化，开发商供给商品房的数量还受其他因素影响，最主要原因在于，开发商在投资房地产时获取的利润率通常是极高的，这也就催生了一批新生的富裕阶级，当开发成本增加而又不能迫使房地产利润率下降到社会平均利润率之下的时候，开发商一般不会降低商品房的供给，只要有利润可图，便不会轻易退出房地产开发市场。

（二）房地产价格因素

房地产的定价是开发商获取最终利润的重要考虑因素，定价高获利高，投资于下一期的住房建设量就越大，但是面临风险也就越大；反之则较小。短期而言，房地产的供给价格弹性小于一般工业产品，但其长期供给富有弹性，供给会伴随房地产价格的波动和时间的变化而出现相应起伏，这也就造成了房地产市场中经常出现供给滞后性问题。房地产价格上扬，市场房屋供应量不会马上增加，往往在短期只是引起一级房地产市场上土地需求上升，一个生产周期后才显现增量房屋供应量的增加；而当房地产市场供给大于需求时，商品房空置率面积就会逐渐增加，价格也会出现短时间内的下调。

在影响房地产价格的因素中，还应考虑一个更为直接的因素——土地价格。土地价格会通过商品房开发成本来影响开发商利润的实现，各级政府也通过控制闲散土地的供给来调控本地区房地产市场的供应。

（三）相关政策影响

1998年国家取消福利分房制度之后，房地产回归市场调控，尤其是2008年以来，房地产市场逐渐受到关注，房价上涨迅速，房地产产业也逐步成为国家重要产业，其价格变动及供给引起了国家高度重视。国家开始对房地产业采取一系列调控，影响房地产市场的供给。如政府若紧缩该地区的土地供给量，势必就使得地价上升，导致房地产开发成本的增加，进而使得房地产供给量减少，抑制了房地产发展，相反则会带动房地产市场供给量的增加。

此外，国家还通过财税、金融等政策对房地产供给进行调节。如提高房地产业的上缴税率，就能在一定程度上起到抑制房地产投资的目的，减少了房地产供给量。金融方面，通过贷款规模、贷款投向、利率水平等相关政策，调控房地产开发的总体规模与速度，由于房地产业属于资金密集型行业，前期建设需要大量的资金投入，而大部分房地产商无力支付全部金额，多数情况下通过银行贷款形式，在金融市场筹集部分资金，使得房地产市场的供给与金融政策之间密不可分，如果提高房地产贷款利率，则必然使房地产商的开发成本增加，也就会降低房地产市场的供应。

（四）房地产商对未来楼市的预期

任何行业发展都有本身的发展周期，房地产市场也是如此。在经济形势良好运行前提下，开发商会找准时机进入楼市，获取预期利益，但当经济形势不好、对未来预期不明朗的时候，开发商将收缩房地产供给量。同时，宏观经济各行业与房地产市场之间存在着高度关联性，房地产开发商投资时，往往会对未来市场进行预判，来决定未来投放到市场中的供给量，做出开发项目的报建、施工和销售时间等决策。

三　影响房地产市场需求的因素

与影响房地产市场供给因素类似，也有许多因素制约着房地产市场的需求，其与房地产供给相互作用，共同使房地产市场处于变动之中。

（一）商品房销售价格

商品住房与其他生活消费品一样，其价格与总需求之间呈负相关关系。需求作为价格的函数，表现为当价格水平上涨时，需求降低，反之需求增加；而需求量对价格变动的敏感性可以用需求价格弹性指标来表示。

（二）购房者可支配收入

如果商品房销售价格使购房者有购房意愿，那么购房者可支配收入表明其是否有能力购买，只有具备购买意愿且有能力购买，才能形成真正的需求。居民的可支配收入是家庭一切消费的决定因素，作为投资较大的住宅需求，消费者需要支付数额较大的资金，这就需要其具备购买房产的能力。居民可支配收入的高低将决定购买商品房面积的大小、区位的好坏。住房需求与人均可支配收入之间呈正相关关系。

而可支配收入对需求的影响可以用收入弹性指标表示，一般而言，住房需求的收入弹性与本地区国民收入水平有密切关联，不同的经济发展水平所对应的需求收入弹性是有差异的，主要原因在于居民消费结构的变化。伴随着中国社会经济的快速发展，经济整体实力已跃居世界第二位，人民生活水平也有了很大幅度的提升，并且大部分已经基本解决了温饱问题，居民有意愿，也有能力对住房提出更高需求；同时，城镇化进程的不断加快，使得农村人口不断涌入城市，并准备安家落户，该部分群体经济收入已经有了明显改善，开始考虑购买住房；而已在城市多年的居民为了改善原有住房条件，开始由生存型住房转向享受型住房，形成了新的住房需求。因此，中国现阶段，住房需求对于收入而言是富有弹性的，这是居民可支配收入增加和消费结构、消费理念的转变共同作用的结果。

住房需求收入弹性的不断变化也体现出我国消费者消费偏好的改变。新中国成立之初，经济处于恢复阶段，社会初步安定，百姓主要为解决吃穿问题，对于住房的需求不高，收入弹性也就相对较低；而随着经济不断得到发展，特别是改革开放以来，百姓对于消费已经不仅仅满足于吃饱穿暖，而是有了更高的、更深入的需求，于是对于住房的需求及消费越来越大，住房需求也逐渐成为主导需求，需求的收入弹性增大。相应的，当中国未来发展逐渐摆脱中等收入水平，达到发达国家水平的时候，百姓对于住宅的需求已经达到了相对饱和状态，收入弹性反而又降低。因此，住房需求收入弹性的变化会伴随着经济发展阶段而改变，按照国际通用惯例，发展中国家房价达到家庭年收入的3—6倍时，住房需求才算正常。

（三）相关政策的影响

国家对住房需求的政策影响是最直接的，1998年之前，国家实行福利分房制度，租金相对于收入而言是很低的，而且有的单位会无偿分房，使得即使有购房能力的消费者也不会主动买房。取消该政策之后，国家相继颁布了一系列的法律法规，从财政、货币、金融等方面建立起了住房供应体系。"国五条"、"国八条"、"限购令"等措施，对于消费者的住房需求均形成了一定影响，央行降息，降低了还贷压力，对于提高商品住房的有效需求具有推动作用。

（四）消费者对未来的预期

无论是开发商的投资行为，还是购房者的消费行为，都要建立在对未来市场发展预期的判定基础上。消费者对商品住房的需求，不仅要对未来的宏观经济形势做出预判，还要对自身未来购买力做出分析，不同的预期会导致不同的住房需求。就房地产商而言，如果预期未来经济形势良好，则其对土地的需求量就会增加，并且就未来市场做出预测，以求在未来一段时间获取更多利润，而不是将手中的资金留存在手中，其会将更多的潜在需求转化为现实需求。而就消费者而言，其对未来的预期主要是近期投入的最小化，如果预期未来商品住房价格下跌，购买者往往也处于观望状态，因为他预期现在的房价仍没有达到最低价位，仍会继续持有货币。此时，就需要政府采取相应的干预政策，刺激有效需求。

四 房地产市场供求平衡

尽管商品房作为一种比较特殊的商品，但是供求规律与一般商品并无本质区别。供给和需求始终是房地产市场的两个基本范畴，并且在供给和需求的互相作用下共同发挥作用。二者作用的结果使得房价表现出或涨或跌的态势，即当商品房供给大于需求时，住房价格下跌，而当商品房供给小于需求时，住房价格出现上涨。在此消彼长过程中，房价的涨跌又反过来促使房地产供应发生变化，房价上涨时，开发商有利可图，于是加大开发力度，增加住房供给；而当房价下跌时，又使得政府刺激居民消费，用于提高商品房的需求。与一般商品不同的是，商品房的供给与需求的变化较为滞后，供求平衡的调节过程也比较缓慢，这主要是因为房地产作为消费的大部分支出，资金占用量较大，而且具有耐久性，不会随意更换。因此，比一般商品市场对供求变化的反应迟钝。

而所谓房地产市场的均衡，就是指房地产市场中需求量与市场提供的供给量相同时的出清状态。针对需求曲线而言，需求曲线上对应的每一个点都是消费者愿意并且有能力购买的房地产价格和数量的组合，而供给曲线上对应的每一个点都是开发商愿意出售并且能够提供的房地产价格和数量的组合，消费与供给曲线的互相变化，使得二者相交时，出现房地产市场的均衡价格。在该点上，无论对于消费者，还是对于开发商，都是可以接受的价格。

但是，该均衡状态并不是一直保持下去，而仅仅是一种相对状态下的静止。在市场不断运行过程中，均衡点只是理想状态，也只有在该状态下，住房的需求和供给才达到出清。当影响住房的供给和需求因素变动时，均衡点也会随之发生变化，从而不断寻求一种新的均衡状态，形成新的均衡价格，整个市场也在不断寻求该种理想状态。可以说，无论是一般商品市场，还是商品房市场，非均衡状态是绝对的，而均衡状态只是相对的。

五 实现供求平衡的意义

供求平衡是市场交换的最满意状态，其实质在于使商品供应量与市场需求量之间达到一种均衡状态，在社会主义经济条件下，如何实现商品市场的供求平衡，是国民经济综合平衡的重要任务，也是流通部门实现市场安排的重要工作。因此，实现房地产市场的供求平衡，使房地产市场供给与需求之间保持平衡关系，对于保障人民生活水平和提高地区经济发展能力具有重要作用。

实现供求平衡，可以使人力、财力、物力等资源得到有效利用，避免给社会带来更多浪费；同时，也可以保证社会再生产的顺利进行。只有达到房地产市场的供求平衡，才能使社会各方面的资源得到合理配置，发挥最大效能；也能满足地方政府、房地产开发商、消费者等各方群体的利益需求。

第二节　重庆市房地产市场供需现状分析

一　2013年重庆市房地产市场分析

2013年，国民经济整体保持"稳中求进"，经济发展速度有所放缓，房地产市场则呈现"宏观稳、微观活"的状态，不同城市政策导向出现分化。而重庆市房地产市场整体表现平稳。主要表现为房地产开发投资保持增长，增速冲高回落后趋于稳定；商品房新开工、施工、竣工面积于年初短期波动后实现稳健推进；随着商品房销售面积增速由高位不断回落，房地产开发企业三大主要资金来源增速有所放缓，资金保障充裕度小幅下降。2013年，全年房地产开发投资3012.78亿元，同比增长20.1%；商品房新开工面积7641.63万平方米，增长31.4%；施工面积26251.89万平方米，增长19.3%；竣工面积3804.36万平方米，下降4.7%；商品房销售面积4817.56万平方米，增长6.5%，其中住宅销售面积4359.19万平方米，增长6.2%（见表4－1）。①

表4－1　　　　　　　2013年重庆市商品房建设与销售情况

商品房建设与销售	第一至第四季度	同比增减（%）
施工面积（万平方米）	26251.89	19.3
其中：住宅	19248.95	13.2
办公楼	781.98	56.4
商业营业用房	2965.72	46.2

———————

① 重庆市统计信息网。

续表

商品房建设与销售	第一至第四季度	同比增减（%）
施工面积（万平方米）	26251.89	19.3
竣工面积（万平方米）	3804.36	-4.7
其中：住宅	2867.45	-15.3
办公楼	75.76	149.5
商业营业用房	456.08	61.6
销售面积（万平方米）	4817.56	6.5
其中：住宅	4359.19	6.2
办公楼	68.67	10.2
商业营业用房	244.04	10.0
销售额（亿元）	2682.76	16.8
其中：住宅	2283.57	15.8
办公楼	78.08	9.0
商业营业用房	263.08	23.8

（一）供给方面

2013 年，全国范围房地产市场施工面积保持良性增长，施工总量不断攀升。重庆市增幅高于全国平均水平，截至 12 月，重庆市施工面积达到 26251.9 万平方米，比年初 17471.2 万平方米提高了 50.72%（见图4-4）。①

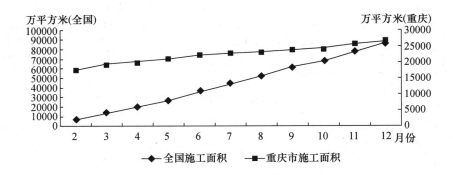

图 4-4　2013 年全国和重庆市房地产市场施工面积

---

① 重庆市统计信息网。

施工面积的增长，表明重庆市房地产市场供给较为旺盛。而从与此相对的竣工面积指标来看，截至 2013 年 12 月，重庆市商品房竣工面积达到 3804.4 万平方米，占施工面积的 14.49%①，为房地产供给市场提供了充足房源（见图 4 - 5）。

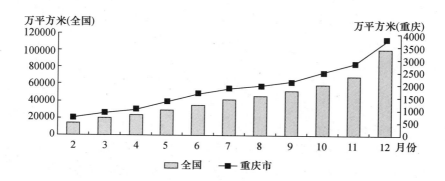

图 4 - 5　2013 年全国和重庆市商品房竣工面积

（二）需求方面

2013 年 12 月，重庆市商品房成交面积 7326 亩，商品房成交金额共计 323 亿元，成交 30385 套（见图 4 - 6）。②

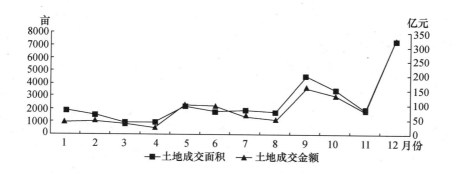

图 4 - 6　2013 年重庆市土地成交面积及土地成交金额

---

① 重庆市统计信息网。
② 《2013 年度重庆楼市白皮书》。

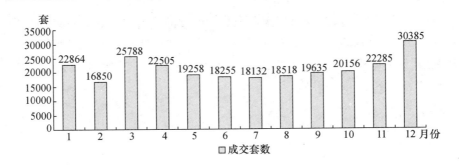

图 4 - 7   2013 年重庆市商品房成交套数

（三）公租房建设

公租房建设是重庆市政府在房地产调控中的突出亮点，并已经成为重庆市对外展示的新名片，走在全国前列。2013 年，重庆市要求继续加快公租房建设，并努力做好相关配套基础设施建设，于 10 月发布《重庆市人民政府关于加强公租房社区建设工作的意见》，该《意见》明确健全公租房社区组织体系、加强公租房社区服务管理、保障公租房社区办公服务用房和工作经费和强化公租房社区建设工作责任。其中，在公租房社区组织体系建设中指出，要依照便于服务管理和居民自治的原则，公租房社区规模原则上按 3000—5000 户设置，也可以根据小区组团状况适当扩大规模。居民小区原则上按 300 户左右划分，也可以将 1 栋楼的居民划分为 1 个居民小组。重庆市通过该项措施，在法律上进一步保障了公租房建设，且实现了在数量基础上的完善，保障了广大人民的合法权益。

二   2014 年重庆市房地产市场分析

党的十八大以来，中央改变了以往对房地产市场"一刀切"的行政干预，进一步调整了相关政策导向。尤其是十八届三中全会以来，中央明确市场在资源配置中起决定性作用，进一步突出了市场的重要性，简政放权情况下更多地依靠市场调控房地产。通过建立配置和政府保障相结合的多层次住房体系制度，提高了房地产供给量，从而形成了总量基本平衡、结构基本合理的住房新格局。除此之外，进一步强化顶层设计，借助于新型城镇化建设、不动产统一登记制度和房地产税改革等相关规划措施，建立起房地产调控长效机制。

2014 年，全国房地产市场逐步进入调整期，各省市商品房住宅库存量高企，而房地产投资增速下滑，整体处于低迷状态。

（一）国家及重庆市相关政策

1. 国家层面

（1）关于首套房贷政策。2014 年 5 月 12 日，中国人民银行对下一步继续深化住房金融服务工作提出具体要求：一是合理配置信贷资源，优先满足居民家庭首次购买自住普通商品住房的贷款需求；二是科学合理定价，综合考虑财务可持续、风险管理等因素，合理确定首套房贷款利率水平；三是提高服务效率，及时审批和发放符合条件的个人住房贷款；四是有效防范信贷风险，严格执行个人住房贷款各项管理规定，加强住房贷款风险的监测分析；五是建立信息沟通机制，对社会关注的热点问题及时给予回应。[①] 该五项规定被视为新的"央五条"。

（2）分类调控政策。李克强总理在《2014 年政府工作报告》中继续强调促进房地产市场持续健康发展，并要求针对不同城市情况分类调控，增加中小套型商品房和共有产权住房供应，抑制投机性需求。2014 年楼市调控的关键词成为"双向调控"，即分类指导政策，针对北京、上海、广州等一线城市实行继续增加住房供应量，遏制投机性需求，继续实行限购政策等；而针对一些库存量较大的二、三线城市，要整体上控制供应结构，发挥市场机制逐渐消化。分类调控政策的推行表明，中央政府已开始高度重视房地产市场的市场化运作，改变了以往依靠行政性手段调节的方式。

2. 重庆方面

2014 年，重庆市政府根据自身情况制定出了配套的重庆市房地产市场新政策。

（1）单独二胎政策。改革开放以来，中国经济保持了近 30 多年的发展，经济增长速度平均为 9.85%。[②] 蔡昉（2010）指出，高速经济增长背后，充足的劳动力供给成为中国经济增长的重要因素，其为经济发展创造了良好的"人口红利"机遇期，生育率的下降及长期处于极低水平，导致人口年龄结构的相应变化，而中国经济增长的 27% 也得益于"人口红利"。[③] 2013 年 1 月，国家统计局数据显示，2012 年，我国 15—59 岁的

①　中国人民银行住房金融服务专题座谈会，2014 年 5 月 12 日。

②　依据《中国统计年鉴》（2013）计算。

③　蔡昉：《人口转变、人口红利与刘易斯转折点》，《经济研究》2010 年第 4 期。

劳动年龄人口比 2011 年减少 345 万人，达到 93727 万人，该数据在 2000 年时为 82810.5 万人，2010 年约 93389.4 万人，劳动者人数在此期间一直呈增长趋势，其首次出现下降引起广泛关注。研究表明，支撑中国长久以来经济发展的人口红利机遇期已经结束，依靠低成本劳动力创造价值的时代已经终结，中国经济发展面临着经济减速的风险。为解决劳动力人口的降低现状，专家学者提出要在部分省份放开二胎政策，以保证未来经济发展对劳动力的需求。2014 年 3 月 26 日，重庆市通过了《重庆市人民代表大会常务委员会关于修改〈重庆市人口与计划生育条例〉的决定》。该方案指出，夫妻双方只要有一方为独生子女的，就可以生育第二胎。该政策的推行，将使得部分符合规定的夫妻生育第二个孩子，也在一定程度上改变了现有的家庭结构，势必催生新的房产需求，且多为刚性居住需求。

（2）契约政策。2014 年 4 月 24 日，重庆市地方税务局发布《重庆地方税务局关于契约若干政策执行问题的公告》，该《公告》对契约政策做出了重新调整，指出从 2014 年 5 月 1 日起，重庆市农村居民以及"农转城"人员在购买建筑面积 90 平方米以下普通住房（属于家庭唯一住房）时，可享受的免征契约的优惠政策将停止执行。同时，存量房以办理房地产权属登记手续时间为准，增量房以商品房买卖合同签订时间为准，购买增量房在 2014 年 5 月 1 日前签约商品房买卖合同的，可按原免税规定执行。至于个人房地产被征收后承受房屋契约减免问题，公告称，个人购买家庭唯一普通住房，可按规定适用契约优惠税率，家庭唯一住房认定时点存量房为向房管部门提交房屋权属登记手续日，增量房为签订商品房买卖合同日。就目前情况而言，全国及重庆市房地产市场均属于刚性需求，征收契约税对楼市在短期内而言不会出现太大变化，只是增加了地方政府增加税收的一种途径。

（3）相关信贷政策。信贷政策关系购房者的还贷压力，对于购房消费者而言，该政策的调整需要着重关注。2014 年，重庆市信贷整体处于收紧状态，普遍停止接受公积金，首套房利率上浮；并且要求首套住宅利率上浮 5%—10% 不等，接受二套房贷首付 6 成，利率上浮 10%—20%，三套及以上房停贷；而公积金普遍停贷，极少数项目可公积金贷款，且放宽周期。①

---

① 重庆研究中心：《2014 年上半年重庆楼市总结及预判》，2014 年 7 月 10 日。

（二）2014 年重庆市房地产市场整体形势

2014 年，我国房地产市场整体投资增速趋缓，房地产销售面积和销售额同比出现大幅度下滑，70 个大中城市出现多个城市下跌情况。尽管从 6 月开始，部分省市不断放松调控措施，但是整体形势依然比较严峻。重庆市房地产市场虽然有所起伏，但是整体呈现曲线缓升态势。重庆市网上房地产公布的数据显示，全年主城区商品房共成交 27.2 万套，同比下降了 0.16 个百分点。其中，江北区成交商品房套数最多，达到 3.61 万套，而九龙坡区和北部新区分列第二、第三位，达到 3.54 万套和 3.51 万套。但就上半年而言，重庆市房地产市场成交量出现明显回落，价格上涨空间缩小，整体趋紧，房地产企业逐渐回归理性，拿地更为谨慎。

如表 4 - 2 所示，2014 年 1—11 月，重庆市商品房施工面积达到28116.82 万平方米，同比增长 10.0%；竣工面积 2770.52 万平方米，同比下降 1.7%；新开工面积 5688.55 万平方米，同比下降 18.7%；新开工面积和竣工面积主要是由于住宅部分面积减少所致，而重庆市商品房销售面积 4328.71 万平方米，同比增长 5.8%；实现销售额 2389.59 亿元，同比增长 4.8%（见表 4 - 2）。①

表 4 - 2　　　　　　　　2014 年重庆市商品房建设与销售情况

商品房建设与销售	1—11 月	同比增减（%）
施工面积（万平方米）	28116.82	10.0
其中：住宅	19966.04	5.7
办公楼	1066.29	37.0
商业营业用房	3255.17	18.0
新开工面积（万平方米）	5688.55	-18.7
其中：住宅	3921.18	-21.8
办公楼	247.48	7.3
商业营业用房	681.28	-18.2
竣工面积（万平方米）	2770.52	-1.7
其中：住宅	2064.22	-3.6
办公楼	93.21	107.0
商业营业用房	241.78	-29.8

---

① 重庆市统计信息网。

商品房建设与销售	1—11 月	同比增减（%）
销售面积（万平方米）	4328.71	5.8
其中：住宅	3813.93	1.4
办公楼	82.68	61.4
商业营业用房	269.99	49.4
销售额（亿元）	2389.59	4.8
其中：住宅	1940.55	−1.7
办公楼	92.09	50.1
商业营业用房	297.45	42.5

重庆市土地成交量。截至 2014 年上半年，重庆市土地市场成交共 76 宗，成交面积为 683 万平方米，环比下降 52%，而建筑规模为 1670 万平方米，环比下降 50%，土地单价由 2013 年下半年的 519 万元/亩下降为 494 万元/亩（见表 4−3）。

表 4−3　　　　　　　　2012—2014 年重庆市土地成交情况

	2012 年上半年	2012 年下半年	2013 年上半年	2013 年下半年	2014 年上半年
成交宗数（宗）	62	116	69	151	76
土地面积（万平方米）	539	955	604	1438	683
建筑规模（万平方米）	1173	1931	1345	3342	1670
容积率	2.2	2.0	2.2	2.3	2.5
土地价格（万元/亩）	387	413	390	519	494
增长率（%）	—	6.71	−6	33	−5
楼面地价（元/平方米）	2078	2468	2545	2683	2981
增长率（%）	—	18.77	−0.6	9	11

具体到主城区，至 2014 年上半年，渝北区土地成交宗数最多，为 25 宗，位居榜首，成交占总数的 33%，而大渡口区和沙坪坝区位居第二、

第三位。由此可见，渝北区仍是重庆市土地成交核心区域，这三个区共占重庆市上半年成交总数的71%（见表4-4）。

表4-4　　　　　　　　　　2014年上半年重庆市土地成交情况

	成交宗数（宗）	土地面积（万平方米）	建筑面积（万平方米）	土地价格（万元/亩）	楼面地价（元/平方米）	溢价率（%）
巴南区	5	49	111	348	2418	3.86
北碚区	1	18	35	217	1710	0.00
渝北区	25	278	578	409	2784	3.76
大渡口区	15	103	385	546	3341	2.56
江北区	0	0	0	0	0	0.00
九龙坡区	8	44	110	564	2836	26.03
南岸区	8	84	149	498	3312	23.87
沙坪坝区	14	107	303	622	3131	4.54
渝中区	0	0	0	0	0	0.00

三　2014年重庆市房地产展示交易会

每年春、秋房地产展示交易会为重庆市房地产企业和消费者之间搭建了良好的平台，也为促进重庆市地区经济增长发挥了应有作用。

2014年10月，2014年重庆秋季房地产展示交易会举行，作为重庆市举办的第34届房地产交易会，本次秋季交易会共有118家企业参展，其中房地产企业超过80家，中介机构10家，媒体18家，金融机构2家，装饰、家居、建材企业8家；而南岸区、九龙坡区、綦江区采取组团方式参会。在本次展示的楼盘中，主城区共有170个项目，提供可交易商品住房7.3万套，合计面积达到820万平方米，较2013年秋季交易会数量增加25.9%和10.2%；可交易非住宅面积177.8万平方米，其中，写字楼104.5万平方米，商品用房73.3万平方米。

重庆市房管局统计数据显示，截至10月19日，房交会四天之内成交各类房屋4657套，建筑面积共计40.46万平方米，成交金额达到25.87亿元。其中，商品住房成交2627套，建筑面积25.09万平方米。而高层商品住房成交2182套，建筑面积19.72万平方米，均价6084元/平方米；高档低密度住房成交103套，建筑面积1.91万平方米，均价9861元/平方米；多层花园洋房成交168套，建筑面积2.04万平方米，均价6992元/平方米；装修房成交174套，建筑面积1.41万平方米，均价8855元/平方米。

二手房成交 634 套，建筑面积 5.64 万平方米，成交金额 2.63 亿元；其中二手住房成交 598 套，建筑面积 5.14 万平方米，成交金额 2.35 亿元；二手非住宅 36 套，建筑面积 0.50 万平方米，成交金额 0.28 亿元。

表 4-5 数据显示，2014 年重庆市春、秋两季房地产展示交易会在成交套数、成交面积和成交金额指标上均比 2013 年有所下降，其中，总成交套数为 7586 套，比 2013 年减少 1098 套，降低 12.64%；总成交面积 36.08 万平方米，比 2013 年减少 53.89%，而总成交金额比 2013 年下降 18.9%，为 44.01 亿元。由此可见，2014 年重庆市房地产市场较 2013 年有所收紧。

表 4-5　　2013 年和 2014 年重庆市春、秋房地产展示交易会情况

	2014 年秋	2014 年春	2014 年合计	2013 年秋	2013 年春	2013 年合计
第一天	1249	849	2098	707	1413	2120
第二天	1353	1057	2410	1303	1728	3031
第三天	1169	583	1752	857	1131	1988
第四天	886	440	1326	754	791	1545
总成交套数（套）	4657	2929	7586	3621	5063	8684
总成交面积（万平方米）	10.46	25.62	36.08	31.57	46.68	78.25
总成交金额（亿元）	25.87	18.14	44.01	22.2	32.05	54.25

资料来源：重庆市国土资源与房屋管理局。

四　2014 年重庆市保障性安居工程年度建设计划

重庆市委高度重视保障性住房的建设工作，并走在了全国前列，解决了部分群众的居住问题，极大地改善了民生，提高了生活品质。2014 年，国家下达各省市保障性住房安居工程建设计划，要求重庆市完成目标任务为新开工保障性住房、棚户区（危旧房）改造住房共 2 万套（户），基本建成（含竣工）保障性住房、棚户区（危旧房）改造住房共 8.3 万套（户），经重庆市相关部门协商，决定全市计划开工建设保障性住房、棚户区改造住房共 2 万套（户）。新建经济适用住房（安置房）1.5 万套，城市棚户区改造 0.5 万户。本年年底重庆市计划基本建成保障性住房、棚户区改造住房共 8.3 万套（户）。其中公租房 6.5 万套、廉租房 0.8 万套、经济适用房（安置房）0.5万套、城市棚户区改造0.5万户。[①]

五　2014年重庆市棚户区改造计划

棚户区是历史遗留问题，并且已经成为城市发展过程中的关注点，作为改善困难家庭居住条件的民生工程，近年来引起党中央和国务院的高度关注。2008年，中央开始启动保障性安居工程，并将国有林区（场）、棚户区（危旧房）、国有垦区危房、中央下放地方煤矿棚户区改造作为重要内容，加快了改造步伐。

重庆市为改善居民居住环境，计划在2013—2017年期间，主城区完成567万平方米的城市棚户区改造工程，极大改善这部分人群的居住条件。这些拟改造的棚户区多属于危旧房屋，且分布集中，所属地区基础设施建设落后，环境卫生条件较差。因此，重庆市将采取划定改造范围、整体拆除后原地或就近安置重建的方式予以改造。而对于分布较为分散的危旧房屋，则通过修缮加固、原地改扩建等方式展开。2013年，重庆市主城区棚户区完成房屋改造33.19万平方米、2876户；2014年，预计完成118万平方米的改造。[②]

六　新增第二需求，避暑商品性住房走俏

重庆市属于亚热带季风性湿润气候。作为与南昌、武汉和南京并称为长江流域"四大火炉"之一的重庆市，俗语有"春早气温不稳定、夏长酷热多伏旱、秋凉绵绵阴雨天、冬暖少雪云雾多"。每年7—8月，气温最高可达到近40℃，甚至更高，大部分在27℃—38℃之间。这就为重庆市房地产业提供了一种新的供给模式，即避暑板块房地产逐渐走俏。

2014年，重庆市春季房地产展示交易会中，南岸区、万盛经济开发区、綦江区分别推出了独具特色的旅游项目，其旅游地产主打避暑牌，户型设置方面，也多考虑一室或两室的小户型，售价多集中在13万—50万元之间。新的消费需求，使得重庆市房地产市场又新增了第二需求，一定程度上丰富了消费者的投资理念。

---

① 重庆市国土资源和房屋管理局公共信息网。
② 《中国国土资源报》。

第三节　重庆市房地产市场供需实证分析

在对重庆市房地产供需实证分析时，本书首先就影响重庆市房地产需求的因素进行分析。本书认为，房地产需求的影响因素分为宏观和微观两个层面，宏观因素中影响房地产需求最主要的因素在于国民经济发展的整体水平，经济发展水平越高，对住宅的需求越旺盛；反之，对住宅的需求越弱。而微观层面中，影响较大的是每年新进入城市的人口数量、城镇居民恩格尔系数以及个人实际购买能力。在市场份额既定前提下，每年人口的净增长意味着现在及未来对房地产的需求；而家庭消费结构则可以通过恩格尔系数体现，恩格尔系数越高，家庭收入越低。

因此，选取城镇居民人均房屋建筑面积（y）作为住房需求，而将人均 GDP（x_1）、每年人口增量（x_2）、城镇居民家庭恩格尔系数（x_3）和个人储蓄存款年末余额（x_4）作为影响需求的自变量。查找相关统计年鉴①，对重庆市自直辖（1997 年）以来的各年数据进行整理，如表 4-6 所示。

表 4-6　　　　　　　　1997—2013 年重庆市相关数据

年份	城市居民人均房屋建筑面积（平方米）	人均 GDP（元/人）	人口增量（万人）	城镇居民家庭恩格尔系数（%）	个人储蓄存款年末余额（元）
1997	8.65	5253	36.9862	46.7	580.67
1998	9.21	5579	12.6537	45.6	724.54
1999	9.51	5804	18.7504	42.8	909.1
2000	10.72	6274	-242.2703	42.2	1085.36
2001	11.47	6963	-19.82	40.8	1317.17
2002	19.56	7912	-15	38	1595.01
2003	21.29	8091	-11	38	1896.56
2004	22.76	8584	-10	37.82	2189.73
2005	24.3	12404	5	36.4	2545.85

①《新中国六十年统计资料汇编》、《中国统计年鉴》、《重庆统计年鉴》及重庆市统计局。

续表

年份	城市居民人均房屋建筑面积（平方米）	人均GDP（元/人）	人口增量（万人）	城镇居民家庭恩格尔系数（%）	个人储蓄存款年末余额（元）
2006	24.52	12457	10	36.34	2949.05
2007	27.31	16629	8	37.2	3228.15
2008	27.34	20490	23	39.6377	3988.96
2009	27.41	22920	20	37.7	4908.68
2010	27.55	27596	26	37.6	5839.66
2011	30	34500	34	39.1	6990.25
2012	32.17	38914	26	41.5	8361.64
2013	33.59	42976.88	413.42	40.7	9866.12

（1）2013年，重庆市人均国内生产总值达到42976.88元/人，较1997年的5253元/人增长了7倍多。由此可见，重庆市自直辖以来，经济得到了迅速发展，人民生活水平不断提高。

（2）重庆市正以开放的人才发展环境接纳来自全国各地的来渝工作人员，而外向度恰巧反映了一个地区对外地人口的吸引程度，若排除本地居民自然增长的因素外，重庆市2013年人口增长最大，对重庆市房地产需求产生了重要影响。

（3）恩格尔系数用以表示食物支出占个人收入的比例，是衡量一个地区社会经济发展水平的重要指标。一个家庭收入越少，其用来购买食物的支出比重就越大，恩格尔系数就越高；随着家庭收入的增加，家庭收入中用来购买食物的支出则会下降，恩格尔系数就越低。因此，随着重庆市城镇居民收入水平的不断提高，城镇居民家庭的恩格尔系数也逐年降低，城镇居民用于消费特别是住宅消费的比重也会相应提高。

（4）个人储蓄存款年末余额代表房地产的未来购买潜力，若该指标增加则代表购买意愿及能力有所增加，同时也表明对房地产需求的能力强弱。

通过以上分析，对上述四种因素进行格兰杰因果检验。以两变量为例，定义格兰杰因果检验如下：

如果由 y_t 和 x_t 滞后值所决定的 y_t 条件分布与仅由 y_t 滞后值所决定的条件分布相同，即：

$$f(y_t \mid y_{t-1}, \cdots, x_{t-1}, \cdots) = f(y_t \mid y_{t-1}, \cdots)$$

则称 x_{t-1} 对 y_t 不存在格兰杰因果性关系。基于以上数据，结果如表 4 - 7 所示。

表 4 - 7　　　　　　　　　　　　格兰杰因果检验

H_0 假设	样本数	F 统计量	p 值
x_1 不是 y 的原因	17	0.24749	0.7854
y 不是 x_1 的原因		1.84394	0.2081
x_2 不是 y 的原因	17	15.8664	0.0008
y 不是 x_2 的原因		2.78045	0.1096
x_3 不是 y 的原因	17	0.35709	0.7083
y 不是 x_3 的原因		0.74568	0.4990
x_4 不是 y 的原因	17	0.34143	0.7187
y 不是 x_4 的原因		0.09212	0.9128

通过检验结果看出，在原假设条件下，人口增量是城镇人均居住水平的格兰杰原因，其他三个因素不是引起重庆市房地产需求的最根本原因。

因此，从供求角度分析重庆市房地产市场状况，可先分析其需求市场，通过需求市场所需量与现存供给量相对比，得出未来一段时间重庆市在房地产市场的供给量，以达到供求平衡状态。而从上文实证分析可得，需求市场的分析要以人口增量为突破口展开。

当供给量与需求量相同时，经济才表现出均衡状态。因此，重庆市房地产市场要达到供需平衡，则需使其每年新增供给量与每年新增需求量相匹配，才能达到均衡状态，即 $\Delta S = \Delta D$。

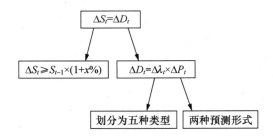

对每年新增需求量估算。重庆市房地产需求与每年新增人口存在因果关联。因此，以每年新增人口为突破口，得出实际的新增商品房需求量如下式所示：

$$\Delta D = \Delta\lambda \times \Delta P \begin{cases} 0 & \lambda = 0 & \Rightarrow & \text{无住房} \\ (20 - \lambda) \times \Delta P & 0 < \lambda \leqslant 20 & \Rightarrow & \text{生存型住房} \\ (\lambda - 20) \times \Delta P & 20 < \lambda \leqslant 30 & \Rightarrow & \text{体面型住房} \\ (\lambda - 30) \times \Delta P & 30 < \lambda \leqslant 40 & \Rightarrow & \text{享受型住房} \\ (\lambda - 40) \times \Delta P & \lambda > 40 & \Rightarrow & \text{奢华型住房} \end{cases}$$

其中，ΔD 为新增商品房需求量，λ 表示人均住房面积，$\Delta\lambda$ 代表新增人均住房面积，ΔP 代表新增人口数。

此处，对 λ 进行重新定义。本书认为，消费者对于住房的需求可分为五个等级，即无住房、生存型住房、体面型住房、享受型住房和奢华型住房。针对无住房居民而言，需要社会救助，由政府提供帮助，采取救助形式解决该部分群体的居住问题。伴随着消费者经济实力的逐渐提高，其对于住房的需求也不断改变，并由基本的解决生存型住房，提高到享受型住房，甚至是奢华型住房。这也满足了社会各阶层对于商品房的差异化需求，以此为衡量标准，可以更加准确预判未来重庆市房地产的需求量。

对于 ΔP 的计算可分为两种预测方式，一种按照重庆市每年自然增长率计算，另一种则假定每年按照某一平均人数计算（作为外向度指标衡量），实例分析如下：

假设重庆市现有存量房数量为 S_{2014}，每年以 $x\%$ 的增长率增加，若达到供需平衡，则对比 S 与 D 之间的大小。以 2015 年为例：

一 房地产需求

按人口自然增长率计算房地产需求，首先要预测人口数。本书提供两种计算思路：

第一种思路：年人均自然增长率取历年增长率平均数。按照近 20 年重庆市总人口增长率的平均数计算，具体数据见表 4-8。

表 4-8   1993—2013 年重庆市总人口   单位：万人

年份	1993	1994	1995	1996	1997	1998	1999	2000	2001	2002	2003
总人口	2964.9	2985.59	3001.77	3022.77	3042.92	3059.69	3072.34	3091.09	3097.91	3113.83	3130.10

年份	2004	2005	2006	2007	2008	2009	2010	2011	2012	2013	
总人口	3144.2	3169.16	3198.87	3235.32	3257.05	3275.61	3303.45	3329.81	3343.44	3358.42	

从 1993 年的 2964.9 万人到 2013 年的 3358.42 万人计算可得，2014 年人口约为 3373.47 万人，而近 20 年间重庆市年平均人口增长率为 0.625%（取 20 年间每年人口增长率的平均数），那么，2015 年人口约为 3394.56 万人。

第二种思路：运用 GM（1，1）模型预测。GM（1，1）模型是最常用的一种灰色模型，它是由一个只含单变量的一阶微分方程构成的模型，通过鉴别系统因素之间发展趋势的相异程度，并对原始数据进行生成处理来寻找系统变动规律，生成有较强规律性的数据序列，然后建立相应的微分方程模型，从而预测事物未来发展趋势。灰色系统理论的 GM（1，1）模型已经被广泛应用于社会、经济、生产、工程预测控制等领域。其运算步骤如下：

设有变量 $x^{(0)}$ 的原始数据列：$x^{(0)} = \{x^{(0)}(1), x^{(0)}(2), \cdots, x^{(0)}(n)\}$，用 AGO 生成一阶累加生成模块 $x^{(1)}$：$x^{(1)} = \{x^{(1)}(1), x^{(1)}(2), \cdots, x^{(1)}(n)\}$。

由一阶灰色模块 $x^{(1)}$ 构成的微分方程：

$$\frac{\mathrm{d}x^{(1)}}{\mathrm{d}t} + \alpha x^{(1)} = b$$

可得：$x^{(1)}(t) = \left[x^{(1)}(0) - \dfrac{b}{a}\right]e^{-at} + \dfrac{b}{a}$

写成离散型，得：$x^{(1)}(k+1) = \left[x^{(1)}(1) - \dfrac{b}{a}\right]e^{-ak} + \dfrac{b}{a}$

其中：

$$Y = \begin{bmatrix} x_1^{(0)}(1) \\ x_1^{(0)}(2) \\ \vdots \\ x_1^{(0)}(n) \end{bmatrix}, \quad B = \begin{bmatrix} a \\ b \end{bmatrix}, \quad X = \begin{bmatrix} -\dfrac{1}{2}\left[x_1^{(1)}(1) + x_1^{(1)}(1)\right] & 1 \\ -\dfrac{1}{2}\left[x_1^{(1)}(2) + x_1^{(1)}(2)\right] & 1 \\ \vdots & \vdots \\ -\dfrac{1}{2}\left[x_1^{(1)}(n-1) + x_1^{(1)}(n)\right] & 1 \end{bmatrix}$$

$$B = (X^T X)^{-1}(X^T Y) = \begin{bmatrix} a \\ b \end{bmatrix}$$

预测模型得到预测值 $\hat{x}^{(1)}(k+1)$，并且通过后验差比值 C 与小误差概率 P 验证模型预测精度。其中：

（1）后验差比值 C，是残差方差与数据方差之比。即 $C = \dfrac{S_e}{S_x}$，式中，

$$S_e^2 = \frac{1}{n} \sum_j^n \left[e^{(0)}(j) - \bar{e} \right]^2 ; \quad S_x^2 = \frac{1}{n} \sum_j^n \left[x^{(1)}(j) - \bar{x} \right]^2$$

（2）小误差概率 P：$P = P\{ \left| e^{(0)}(K) - \bar{e} \right| < 0.6744 S_x \}$

按上述两个指标预测等级划分为四等，见表4-9。

表4-9　　　　　　　　　指标预测等级划分

预测精度等级	P	C
一、好	>0.95	<0.35
二、合格	>0.8	<0.45
三、勉强	>0.7	<0.5
四、不合格	≤0.7	≥0.65

根据上述数据，可以得到公式：

$x(t+1) = 375214.750807\exp(0.008417t) - 372070.520807$

从而，可以推断出未来五年的人口数如表4-10所示。

表4-10　　　　　　　2014—2018年重庆市人口数　　　　　单位：万人

年份	2014	2015	2016	2017	2018
总人口	3421.13	3450.05	3479.21	3508.62	3538.28

（3）预测城镇居民人均住房面积。重庆国土资源和房屋管理局网站统计数据显示，2010年重庆市人均住房面积为31.69平方米，2013年增长至33.59平方米，如表4-11所示。

表4-11　　　　　　2010—2013年重庆市人均住房面积　　　　单位：平方米/人

年份	2010	2011	2012	2013
人均住房面积	31.69	31.77	32.17	33.59

同理，运用GM（1,1）模型预测，得到下式：

$x(t+1) = 806.027951\exp(0.037841t) - 774.337951$

从而可以推断出未来五年人均住房面积，见表4-12。

表 4 - 12　　　　　　　2014—2018 年重庆市人均住房预测面积　　单位：平方米/人

年份	2014	2015	2016	2017	2018
人均住房面积	34.82	36.16	37.56	39.01	40.51

（4）计算 2015 年的需求增量。若年人均自然增长率取历年增长率平均数，则 2015 年人口增量为 3394.56 - 3373.47 = 21.09 万人；若按灰色预测模型预测，则 2015 年人口增量为 3450.05 - 3421.13 = 28.92 万人；而年人均住房面积增加量为 36.16 - 30 = 6.16 平方米。

因此，重庆市 2015 年需求增量约为：

$$\Delta D_{2015} = (36.16 - 30) \times (3394.56 - 3373.47) = 129.91 \text{ 万平方米}$$

$$\Delta D_{2015} = (36.16 - 30) \times (3450.05 - 3421.13) = 178.15 \text{ 万平方米}$$

若按每年递增 50 万人口计算：$\Delta D_{2015} = (36.16 - 30) \times 50 = 308$ 万平方米

二　房地产供给

$$\Delta S_{2015} \geqslant S_{2014} \times (1 + x\%)$$

通过计算得到 ΔS_{2015} 与 ΔD_{2015} 之间的平衡点，便可达到重庆市房地产供需平衡状态。

第四节　重庆市购房能力分析

房地产市场的最终落脚点要归结到购房环节，如果所建住房未得到及时消化，便形成了"空城""鬼城"。因此，促进房地产市场供给的有效转化，是保证经济发展的重要目标。在分析该问题时，可以从现有重庆市购买能力计算。

消费者购买房地产主要通过两种方式实现：第一种是全额付款，即在购房时，付清所有款项；第二种则是最为普遍存在的方式——按揭贷款，即选定要购置房产后，先按首付比例付清一部分费用，然后通过银行贷款形式还清余款。由于我国房地产市场发展迅猛，商品住房价格高于工薪阶层的可支配收入，全款付清住房的占少数，而更多地选择第二种方式。

所谓按揭贷款，是指以按揭方式进行的一种贷款业务，是购房者以所购住房做抵押，并由其所购买住房的房地产企业提供阶段性担保的个人住房贷款业务。按揭人将房产产权转让按揭，受益人作为还贷保证人在按揭人还清贷款后，受益人立即将所涉及的房屋产权转让按揭人，过程中按揭人享有使用权。

若对重庆市购房能力进行分析，则需要考虑以下要素：

首先，购房者人均可支配收入。如果重庆市购房者人均可支配收入足够付清所有款项，则表明重庆市购房压力很小，但是这种情况只是针对富裕阶层。对于大部分工薪阶层而言，目前重庆市人均可支配收入不足以全额付清房款，以该指标为基础，可以推断大众购房所承受的压力。

其次，商品住房销售价格。该指标是多数消费者在购房时重点考虑的因素。消费者要在自己可支配范围能力之内选取相对应的销售价格，价格过高，意味着将要付出更多资金。

最后，人均住房建筑面积。消费者购买商品住房，就是为了改善居住环境，或者想得到更好的居住空间。2013 年，重庆市人均住房建筑面积为 33.59 平方米，也就是说，针对一个三口之家，至少要拥有 90 平方米的房子才算居住得较为体面。

基于以上分析，本书以 2013 年为计算基期，对 2020 年进行预测，以此具体分析重庆市购房能力。首先，需要提供以下具体数据以便计算：

（1）2013 年重庆市城镇人均可支配收入 25216 元，换算为月大约为 2101 元/月；

（2）2013 年重庆市主城九区新建商品住房成交建筑面积均价为 6803 元/平方米；

（3）2013 年中国人民银行同期贷款利率 5 年以上为年利率 6.55%；

（4）2013 年重庆市人均住房建筑面积为 33.59 平方米；

（5）由以往数据推断，2013 年重庆市总人口数为 3358.42 万人，总户数为 1236.28[①]，则合计 2.717 人/户。由此，推断 2013 年每户约 $33.59 \times 2.717 = 91.26$ 平方米/户。而伴随人口生育率的下降，2020 年估计重庆市人均住户的最高期望值为 3 人/户。

若推断 2020 年，人均住房建筑面积达到 λ 平方米，每户拥有 ρ 人，房屋均价达到 P_c 元/平方米，则按照等额本金还款方式，每年年末需支付 A 元。

$$A = P_c \times (\lambda \times \rho) \times (A/P, i, n)$$

---

① 《重庆统计年鉴》（2013）计算可得。

通过对比该值与现在人均可支配收入即可得出房价是否合理。

假定到 2020 年，$\lambda = 38$，$\rho = 3$，$P_c = 8000$①，则 2020 年所购商品房总价款为 $38 \times 3 \times 8000 = 912000$ 元。

（1）若付全款，则需要 912000 元；

（2）若按揭贷款，则按照现在首付 30% 计算，贷款期限为 20 年，20 年需要贷款金额为 $912000 - 912000 \times 30\% = 638400$ 元，同时需要支付利息总额为 419894.3 元，累计还款总额达到 1058294.3 元，最高月供 6144.6 元，最高月付利息为 3484.6 元，每期偿还本息、利息、本金及剩余本金如表 4-13 所示。

表 4-13　　　　未来每期偿还本息、利息、本金及剩余本金数　　　　单位：元

期次	偿还本息	偿还利息	偿还本金	剩余本金
1	6144.60	3484.60	2660.00	635740.00
2	6130.08	3470.08	2660.00	633080.00
3	6115.56	3455.56	2660.00	630420.00
4	6101.04	3441.04	2660.00	627760.00
5	6086.52	3426.52	2660.00	625100.00
6	6072.00	3412.00	2660.00	622440.00
7	6057.48	3397.48	2660.00	619780.00
8	6042.97	3382.97	2660.00	617120.00
9	6028.45	3368.45	2660.00	614460.00
10	6013.93	3353.93	2660.00	611800.00
…	…	…	…	…
231	2805.19	145.19	2660.00	23940.00
232	2790.67	130.67	2660.00	21280.00
233	2776.15	116.15	2660.00	18620.00
234	2761.63	101.63	2660.00	15960.00
235	2747.12	87.12	2660.00	13300.00

---

① 此处 8000 元/平方米计算依据：重庆市 2005 年商品房平均销售价格为 2167 元/平方米，而 2012 年该数据增加至 5080 元/平方米，即在过去 8 年期间，商品房均价增长约 3000 元/平方米。因此，排除通货膨胀等其他相关因素影响，推断 2020 年重庆市商品房平均销售价格约为 8000 元/平方米。

续表

期次	偿还本息	偿还利息	偿还本金	剩余本金
236	2732.60	72.60	2660.00	10640.00
237	2718.08	58.08	2660.00	7980.00
238	2703.56	43.56	2660.00	5320.00
239	2689.04	29.04	2660.00	2660.00
240	2674.52	14.52	2660.00	0.00

　　由表4－13可知，依现有购买能力及重庆市房地产价格，工薪阶层购房前十年的压力较大，之后较轻。但本模型构建中将 λ 设定为38平方米/人，属于享受型住房。因此，计算结果显示购房压力过大，但是若降低初次购房的人均住房面积，整体而言，重庆市购房压力较其他直辖市要小。

第五章　重庆市房地产市场相关问题分析

本章将对重庆市房地产市场的几个实证问题进行定量分析，以便更全面、客观地评价重庆市房地产市场。首先，通过回归分析和格兰杰因果检验研究地价与房价之间的相关性；其次，研究重庆市房地产市场的泡沫问题，探析重庆市房地产市场是否存在投机行为，投机性多大；再次，基于灰色关联分析，就与房地产业相关联的其他产业之间的关联度进行阐述，测算哪个产业与房地产业关联性更大；最后，通过耦合协调度分析，对重庆市房地产业与地区区域经济之间的关系进行横向对比，找出重庆市与北京市、上海市和天津市三个直辖市之间的差异。

第一节　重庆市地价与房价的关系研究

有关地价与房价之间关系的研究，前文已有论述，究竟是地价上升导致房价上升，还是因为房价的高涨反推地价高涨，国内外学者具有不同观点。本书认为，地价与房价之间确实存在着密切关联，但是，究竟二者谁影响谁，还要根据某地区的实际情况，根据相关数据，进行有效测算，才能制定更符合本地区房地产发展的、更具针对性的政策建议。

一　回归分析

在经济领域，一个变量的变化会受到来自多个经济变量的影响，为描述变量之间的关系及变化规律，通常要建立计量经济模型，研究模型参数，利用计量经济模型进行预测。其中，以一元线性回归模型为最基本模型，表示为：

$$y_t = \beta_0 + \beta_1 x_t + \mu_t$$

以此来表示变量 y_t 与 x_t 之间的关系，y_t 称作被解释变量（相依变量、因变量），x_t 称作解释变量（独立变量、自变量、回归因子），μ_t 称作随机误差项，β_0 称作常数项（截距项），β_1 称作回归系数。上式中，x_t 是影响 y_t 变化的重要解释变量，回归参数 β_0 和 β_1 具体描述这种关系。β_0 和 β_1 通常是未知的，需要估计。如果 x_t 和 y_t 是截面数据，t 表示序数；如果 x_t 和 y_t 是时间序列数据，t 表示时间序数。μ_t 则包括除 x_t 以外的影响 y_t 变化的众多微小因素，是不可控的。①

本书以此为基础，构建房价与地价之间的回归模型，选取房屋销售价格指数代表房价（FJ），选用土地交易价格指数为地价（DJ），初步构建一元线性回归模型如下式所示。

$$FJ_t = \beta_0 + \beta_1 DJ_t + \mu_t$$

根据历年《重庆统计年鉴》中 1998—2010 年的相关数据，为消除由于数据异方差带来的模型构建问题，将数据进行取对数处理，如表 5 – 1 所示。

表 5 – 1　　1998—2010 年房屋销售价格指数和土地交易价格指数

年份	房屋销售价格指数	土地交易价格指数	取对数后 FJ	取对数后 DJ
1998	106.4	100	2.026941628	2
1999	103.3	101.1	2.014100322	2.004751156
2000	101.8	100	2.007747778	2
2001	101.4	100.9	2.006037955	2.003891166
2002	102.1	101.7	2.009025742	2.007320953
2003	107.3	115.5	2.030599722	2.062581984
2004	113.9	105.3	2.056523724	2.022428371
2005	107.2	102.9	2.030194785	2.012415375
2006	103.1	100.6	2.013258665	2.002597981
2007	106.93	109.7	2.029099567	2.040206628
2008	106.3	109.5	2.026533265	2.039414119
2009	101.1	101.7	2.004751156	2.007320953
2010	109.7	108.2	2.040206628	2.034227261

由图 5 – 1 可知，重庆市自直辖以来房价与地价之间的关系，二者之

---

① 张晓峒：《应用数量经济学》，机械工业出版社 2009 年版。

间的波动性不大，具体而言，二者在不同阶段呈现复杂的变化特征。其中，2004 年两个指标表现出最大值，而其他年份基本保持稳定态势。基于以上数据，对重庆市地价与房价进行最小二乘回归，得到以下方程：

$$\ln(FJ) = 2.703324 + 0.420492\ln(DJ)$$

$$(2.986664) \quad (2.153009) \quad R^2 = 0.297633$$

	相关系数	标准差	t 统计量	概率
C	2.703324	0.905132	2.986664	0.0124
lnDJ	0.420492	0.194762	2.159009	0.0538
R^2	0.297633	Mean dependentvar		4.657425
调整的 R^2	0.233781	S. D. dependentvar		0.035274
S. E. of regression	0.030877	Akaike info criterion		−3.976989
Sum squared resid	0.010487	Schwarz criterion		−3.890074
Log likelihodd	27.85043	Hannan − Quinn criter		−3.994854
F 统计量	4.661320	Durbin − Watson stat		1.717814
概率（F 统计量）	0.053797			

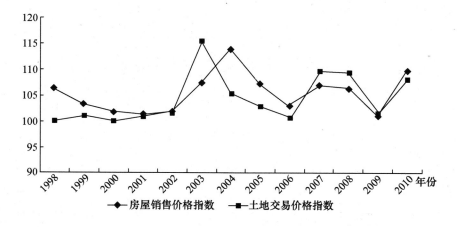

图 5 - 1　1998—2010 年房屋销售价格指数和土地交易价格指数

结果显示，二者之间存在一定程度的关系，但是 R^2 并不算太好，表明影响重庆房屋销售价格的因素很多，地价只是其中的一个因素。

二　房价与地价的格兰杰因果关系

为了更清楚地了解重庆市房价与地价之间的关系，需要对二者进行格兰杰因果检验。为保证所研究结果的客观性，应首先验证数据是否平稳，采用 ADF 单位根检验，然后再对数据进行格兰杰因果检验。

1. ADF 单位根检验

如果数据显示非平稳，则所构建的回归模型会造成虚假回归问题。通常检验序列平稳性的方法有 6 种，分别为 ADF 检验、DFGLS 检验、PP 检验、KPSS 检验、ERS 检验和 NP 检验。而 ADF 检验建立在 DF 检验（Dickey – Fuller 检验）基础上，因为 DF 检验只有当序列为 AR（1）时才表现为有效。如果序列存在高阶滞后相关问题，则违背了扰动项是独立同分布的假设。因此，在这种情况下，可以使用增广的 DF 检验方法（augmented Dickey – Fuller test）来检验含有高阶序列相关序列的单位根。

房地产市场受到多重因素影响，不同区域、不同时段表现出不同价格，房屋销售价格和土地交易价格也会产生相应改变，这也就出现了北、上、广、深等一线城市的房价和地价要比中西部地区二、三线城市的价格高的现象。因此，房地产市场存在很大差异性。

若用 x_t 表示一个 $AR（p）$ 时间序列，则为了检验序列是否存在单位根，ADF 检验的一般采取以下公式来进行假设检验（$H_0: \beta = 1$；$H_1: \beta < 1$）：

$$x_t = c_t + \beta x_{t-1} + \sum_{i=1}^{p-1} \varphi_i \Delta x_{t-i} + e_t$$

其中，c_t 是关于时间 t 的确定性函数，而 $\Delta x_j = x_j - x_{j-1}$ 是 x_t 的差分序列。c_t 可以是常数或者 $c_t = \omega_0 + \omega_{1t}$。依据此计算公式，实证分析本书的内容如下所示：

首先，对房价取对数后，进行一阶差分，得到下表的结果：

		t 统计量	概率
ADF 检验统计		− 3.759181	0.0017
Test critical values:	1% 水平	− 2.816740	
	5% 水平	− 1.982344	
	10% 水平	− 1.601144	

对重庆市房屋销售价格指标进行取对数后，一阶差分序列为平稳时间序列，t 检验值为 − 3.759181，对应 P 值为 0.0017，即该序列不存在单位根，为平稳的。

其次，对土地交易价格取对数后，进行一阶差分，得到下表的结果：

		t 统计量	概率
ADF 检验统计		− 4. 468672	0. 0004
Test critical values:	1% 水平	− 2. 792154	
	5% 水平	− 1. 977738	
	10 % 水平	− 1. 602074	

结果同样显示，对重庆市地价指标进行取对数后，一阶差分序列为平稳时间序列，t 检验值为 − 4. 468672，对应 P 值为 0. 0004，即该序列不存在单位根，为平稳的。由此保证了二者均为平稳序列，才能进行格兰杰因果检验。

2. 格兰杰因果检验

理论上的因果关系变量现实中并不一定存在因果关系，因此，需要进行格兰杰因果检验。

以两变量为例，定义格兰杰非因果性检验如下：

如果由 y_t 和 x_t 滞后值所决定的 y_t 的条件分布与由 y_t 滞后值所决定的条件分布相同，即：

$$f(y_t \mid y_{t-1}, \cdots, x_{t-i}, \cdots) = f(y_t \mid y_{t-1}, \cdots)$$

则称 x_{t-1} 对 y_t 不存在格兰杰因果性关系。其另一种表述为：其他条件不变，若加上 x_t 的滞后变量后对 y_t 的预测精度不存在显著性改善，则称 x_{t-1} 对 y_t 不存在格兰杰因果性关系。根据以上定义，格兰杰因果检验式如下：

$$y_t = \sum_{i=1}^{k} \alpha_i y_{t-i} + \sum_{i=1}^{k} \beta_i x_{t-i} + \mu_{1t}$$

如有必要，常数项、趋势项、季节虚拟变量等都可以包括在上式中。则检验 x_{t-1} 对 y_t 不存在格兰杰因果关系的原假设是：

$H_0: \beta_1 = \beta_2 = \cdots = \beta_k = 0$

显然，上式中滞后变量 x_t 的回归参数估计值全部不存在显著性，则上述假设不能被拒绝。也就是说，如果 x_t 的任何一个滞后变量的回归参数的估计值存在显著性（不等于零），则结论应是 x_{t-1} 对 y_t 存在格兰杰因果关系。[1]

该检验针对因果关系不清楚变量而言，是双向检验。如果变量 X 是 Y 的格兰杰原因，则 X 的变化应先于 Y 的变化。基于以上理论，对本书中的相关数据进行格兰杰因果关系检验，如表 5 - 2 所示。

表 5 - 2　　　　　　　重庆市房价与地价的格兰杰因果检验

滞后长度	格兰杰因果性	F 值	P 值	结论
1	地价—房价	2.68975	0.1354	拒绝
	房价—地价	1.07423	0.3270	拒绝
2	地价—房价	0.58670	0.5852	拒绝
	房价—地价	0.57441	0.5912	拒绝
3	地价—房价	1.36288	0.4026	拒绝
	房价—地价	0.45916	0.7304	拒绝

根据上文提及的格兰杰因果关系理论，表 5 - 2 结果表明，在滞后 1—3期条件下，重庆市地价始终不是房价的格兰杰原因，而房价也不是地价的格兰杰原因。也就是说，在样本期间内，重庆市房价和地价没有明显的格兰杰因果关系，这也可能是重庆市房地产价格相对稳定的原因之一。但是，这并不代表国内及其他省份在研究地价与房价问题时，也存在这样的结论，学者普遍认为，地价与房价之间存在必然的联系，这就需要在分析具体问题时，根据所收集到的数据进行更为严格的证明，才能表明二者之间是否存在必然关联。重庆市的数据表明，二者在理论意义上并不存在相关性，但也并不排除二者之间存在间接关系。

第二节　重庆市房地产市场投机分析

20 世纪 90 年代以来，中国 35 个大中城市房价不断上升，但因为地域、社会经济等原因涨幅不同。2008 年以来，美国次贷危机引发的国际金融危机波及全球，中国许多城市房价开始下滑。2009 年上半年，中国

---

[1]　张晓峒：《应用数量经济学》，机械工业出版社 2009 年版。

许多城市房价又开始上涨，于是，人们担心若房价继续上涨，房地产泡沫将破灭，房地产市场拐点将出现。此外，据日本、美国和中国香港等国家和地区的经验表明，房价波动将给房地产市场和宏观经济带来灾难性后果。[①] 因此，研究重庆市房地产市场的泡沫问题，能为研究重庆市房地产市场提供更好的支持。

《新帕尔格雷夫经济学大辞典》指出："泡沫可以不太严格地定义为：一种资产或一系列资产价格在一个连续过程中的急剧上涨，初始的价格上涨使人们产生价格会进一步上涨的预期，从而吸引新的买者——这些人一般是买卖资产牟利的投机者，其实对资产的使用及盈利能力并不感兴趣。随着价格的上涨，常常是预期的逆转和价格的暴跌，由此通常导致金融危机。"泡沫具有两大特征，首先，商品供求出现严重失衡；其次，供给量远远大于需求量。而对于房地产泡沫最早的研究可以追溯至1923—1926年的美国佛罗里达房地产泡沫时间，这次房地产投机狂潮曾经引发了华尔街股市出现大崩溃，并导致20世纪30年代的全球经济大危机，也间接导致了第二次世界大战的爆发。

房地产泡沫问题一直备受国内外广泛关注，对于中国国内房地产市场是否存在泡沫、存在泡沫的程度也一直争论不休。本书认为，在现实经济中，投机性行为在房地产投资者中占据一部分市场，如果在房地产需求中投机需求过于旺盛，该因素成为影响房地产价格的因素，那么房地产市场的健康发展将受到严重影响。

因此，本书将选取居民可支配收入、银行短期贷款利率以及房地产价格的实际增长率为回归参数，构建回归模型，并依此分析房地产市场的投机问题。居民的可支配收入在一定程度上代表居民对房产的消费能力，代表其对房地产的需求态度；而银行贷款利率是政府政策对房地产市场的支持力度；房地产价格的实际增长代表该行业的发展速度。以此构建回归方程：

$$P_t = \alpha_0 + \alpha_1 Y_t + \alpha_2 I_t + \alpha_3 g_t + \mu_t \tag{5.1}$$

其中，P_t 代表房地产价格，Y_t 为本期居民可支配收入，I_t 为一年期贷款利率，g_t 为本期房地产价格的实际增长率。消费者进行房地产投资时，往往根据资产的以往价格趋势进行交易，造成房地产市场交易中出现

---

① 况伟大：《预期、投机与中国城市房价波动》，《经济研究》2010年第9期。

正反馈交易情况。因此，将本期房地产价格的实际增长率看成下期房地产价格的预期增长率，构建另一个回归方程：

$$P_t = \alpha_0 + \alpha_1 Y_t + \alpha_2 I_t + \alpha_3 g_{t-1} + \mu_t \tag{5.2}$$

方程（5.2）反映了消费者在投机预期影响下的本期房地产价格。通过以上两个回归方程，便可以计算出在排除其他因素影响的前提下，本期房地产的实际增长率与本期房地产价格的偏相关系数 R 和本期房地产价格预期增长率与本期房地产价格的偏相关系数 r，将二者比值定义为房地产的投机度 θ，即 $\theta = r/R$。根据国际公认标准，投机度 θ 大于 0.4 时，即存在较为明显的房地产泡沫。[①]

因此，选取重庆市直辖以来的年度数据如表 5-3 所示。

表 5-3　　　　　　　　　1997—2012 年相关指标数据

年份	房地产价格 （元/平方米）	人均可支配收入 （元）	短期贷款利率 （%）	实际增长率 （%）
1997	1032.72	5323	8.64	0.15
1998	1160.90	5467	7.08	1.53
1999	1079.57	5896	5.85	-1.02
2000	1076.58	6276	5.85	-0.04
2001	1132.52	6721.1	5.85	0.76
2002	1277.48	7238.1	5.31	2.02
2003	1323.90	8094	5.31	0.58
2004	1569.39	9221	5.58	2.82
2005	1900.66	10244	5.58	3.21
2006	2081.31	11570	5.99	1.36
2007	2588.21	12591	6.95	3.06
2008	2639.84	14368	6.44	0.27
2009	3266.07	15749	6.44	3.29
2010	4040.44	17532.43	5.69	3.55
2011	4492.30	20249.7	6.31	1.53
2012	4804.79	22968.14	6.16	0.97

资料来源：《重庆统计年鉴》、《中国统计年鉴》。

---

① 吴艳霞、王楠：《房地产泡沫成因及其投机度测度研究》，《预测》2006 年第 2 期。

首先，对相关数据进行第一次回归分析，得到回归方程为：

$$P_t = -925.4058 + 0.228374Y_t + 85.22418I_t + 4.951091G_t + \mu$$
$$(-2.404248) \quad (24.42229) \quad (1.467489) \quad (0.917771)$$

$$F = 236.5046 \qquad R = 0.803$$

其次，再对相关数据进行第二次回归分析，得到回归方程为：

$$P_t = -953.8032 + 0.231518Y_t + 94.12210I_t - 0.577340G_t(-1) + \mu$$
$$(-1.544715) \quad (19.12246) \quad (0.897182) \quad (-0.087995)$$

$$F = 190.7329 \qquad r = 0.088$$

由以上可知，$\theta = r/R = 0.088/0.803 = 0.11$，该数值远低于国际警戒线的 0.4，可以看出重庆自直辖以来，房地产市场较为稳定，没有出现过度投机行为。

第三节　重庆市房地产市场与相关行业的关联度分析

房地产市场的发展离不开相关行业的相互配合，并且已经逐步融合到其他行业发展中。就生产链条角度来说，房地产业处于经济链条的中间环节，对于上游的钢铁、建筑、化工等部门生产资料的消化，以及下游消费、轻工等部门的推动起着不可替代的重要作用。房地产业的兴盛，能有效化解国内现有的产能过剩；同时，也有助于扩大内需、保持国民经济持续健康发展。

灰色系统理论包括灰色关联度评价方法、灰色聚类分析方法等[①]；而灰色关联分析（GRA）是一种用灰色关联度顺序（称灰关联序，GRO）来描述因素间关系强弱、大小、次序的方法，该方法弥补了采用数理统计方法作系统分析所导致的缺陷，对样本量的多少和样本有无规律都同样采用，而且计算量小，十分方便，不会出现量化结果与定性分析结果不符的情况。

灰色关联分析的基本思想是：以因素的数据为依据，用数学方法研究

---

① 邓聚龙：《灰色控制系统》，科学出版社 1993 年版。

因素间的几何对应关系①，根据序列曲线几何形状的相似程度来判断其联系是否紧密。可用于量化序列之间关系的紧密程度，这种紧密程度在几何上体现为数据序列所对应曲线的相似程度，在映射上表现为组成序列的数据之间的函数关系，当某一序列改变时，另一序列会在灰色关联度的约束下发生相应变化，其中蕴含了数据变化的依赖关系，通过这种关系建立模型从而实现对未知数据的预测。② 其中，灰色关联度的计算步骤如式（5.3）至式（5.7）所示：

第一步，求各序列的初值，首先令 X_i 为系统因素，其在序号 k 上的观测数据为 $x_i(k)$（$k=1,2,\cdots,n$），称 $X_i=\left[(x_i),(x_2),\cdots,(x_n)\right]$，则：

$$X'_i = X_i/x_i(1) = \left[x'_i(1),x'_i(2),\cdots,x'_i(n)\right], i=1,2,\cdots,m \tag{5.3}$$

第二步，求差序列，记：

$$\Delta_i(k) = \left|x'_0(k) - x'_i(k)\right|,$$
$$\Delta_i = \left[\Delta_i(1),\Delta_i(2),\cdots,\Delta_i(n)\right], i=1,2,\cdots,m \tag{5.4}$$

第三步，求两极最大差与最小差，记：

$$M = \max_i \max_k \Delta_i(k), m = \min_i \min_k \Delta_i(k) \tag{5.5}$$

第四步，求关联系数，记：

$$\gamma_{0i}(k) = \frac{m+\xi M}{\Delta_i(k)+\xi M}, \xi \in (0,1), k=1,2,\cdots,n; \quad i=1,2,\cdots,m \tag{5.6}$$

第五步，计算关联度，记：

$$\gamma_{0i} = \frac{1}{n}\sum_{k=1}^{n}\gamma_{0i}(k), i=1,2,\cdots,m \tag{5.7}$$

本书采用灰色关联分析方法进行量化分析，选用 1990—2012 年房地产业生产总值作为母数据，将重庆市地区生产总值、住宿和餐饮业生产总值、金融业、生产总值及个人储蓄存款年末余额等指标（见表 5-4）作为子序列进行考量。

---

① 谭雪瑞、邓聚龙：《灰色关联分析：多因素统计分析新方法》，《统计研究》1995 年第 3 期。

② 曹波、刘思峰、方志耕、谢乃明：《灰色组合预测模型及其应用》，《中国管理科学》2009 年第 5 期。

表 5 – 4　　　　　　　　　　1990—2012 年相关指标数据　　　　　　　单位：亿元

年份	住宿和餐饮业	金融业	重庆市生产总值	个人储蓄存款年末余额	房地产业
1990	5.41	26.21	327.75	92.17	5.73
1991	6.35	31.65	374.18	121.95	7.23
1992	7.23	40.30	461.32	154.45	7.30
1993	9.37	52.91	608.53	198.05	9.12
1994	12.78	74.91	833.60	285.40	11.03
1995	19.00	97.77	1123.06	401.45	17.43
1996	23.46	103.84	1315.12	500.71	25.22
1997	30.91	116.53	1509.75	580.67	32.60
1998	31.68	126.66	1602.38	724.54	45.00
1999	33.62	120.18	1663.20	909.10	50.69
2000	35.93	118.53	1791.00	1085.36	65.45
2001	38.46	125.90	1976.86	1317.17	76.38
2002	42.36	134.52	2232.86	1595.01	90.48
2003	47.11	147.04	2555.72	1896.56	113.69
2004	57.67	162.38	3034.58	2189.73	129.12
2005	66.56	185.18	3467.72	2545.85	143.88
2006	77.24	213.70	3907.23	2949.05	158.20
2007	91.85	247.46	4676.13	3228.15	196.06
2008	111.63	303.01	5793.66	3988.96	191.21
2009	132.88	389.97	6530.01	4908.68	229.09
2010	142.11	496.56	7925.58	5839.66	266.38
2011	166.31	704.66	10011.37	6990.25	396.28
2012	189.98	915.65	11409.60	8361.64	620.17

资料来源：《重庆统计年鉴》、《重庆市国民经济和社会发展统计公报》。

通过灰色关联度分析（见表 5 – 5），得到以下结论：

表 5 – 5　　　　　　　　　　　　灰色关联

影响因素	R 相关度	排序
本市生产总值	0.8087	1
个人储蓄存款年末余额	0.7967	2
金融业	0.7744	3
住宿和餐饮业	0.7561	4

　　通过关联分析，可知影响房地产业发展的因素中，本市生产总值对房地产市场的影响最大，个人储蓄存款年末余额、金融业、住宿和餐饮业分列第二、第三、第四位。地区生产总值是指本地区所有常驻单位在一定时期内生产活动的最终成果，其总值等于各产业增加值之和，并代表该地区社会经济发展实力，可以有效衡量未来经济发展趋势，为房地产业健康发展提供更为有利的平台，促进其良性发展。一个地区生产总值较高，表明该地区经济协调性较好，能够为房地产业的发展提供相关配套建设，更为房地产业提供所需资金、材料和人力支持。而地区房地产业发展的好坏对于该地区的经济发展起着重要作用：房地产业发展良好，能够带动相关产业发展，进而更有利于促进本地区经济发展；若经济发展不景气，则相关产业也会出现问题，不利于经济发展。

　　个人储蓄存款年末余额代表潜在的需求及购买力，个人储蓄存款年末余额多，表明其有更大的能力选择更优的居住环境，改善现有居住条件；而年末余额较少，则更多地就要依靠政府救济，依靠相关扶持政策解决住房问题。中国是个重视传统观念的国家，历来对于家庭的观念较为浓厚，认为有家就有了一切，就有了更多的安全感，因此对于房地产的需求更强烈。这也就使得中国消费者在个人可支配收入中有很大一部分购置本代，甚至是下一代的住房。由于近年房地产市场过于火热，而部分城市供给相对不足与抵消消费的需求，使消费者对于住房有更为紧迫的愿望。个人存款年末余额意味着对房地产市场未来的购买力，如果该指标数值增加，极有可能转为投资房地产市场。

　　房地产业与金融业二者之间是相辅相成的关系。首先，金融业为房地产业的发展提供资金支持，房地产开发商通过金融机构获得部分资金，才能够更顺利地进行地产开发，而消费者通过金融机构获得购房贷款，也在一定程度上缓解了资金的短缺。由此可见，金融业已经成为房地产业的有效调节器，为房地产业的发展提供了资金保障。其次，房地产业是金融业进行合作的重要领域。由于房地产具有增值性，能够吸引金融业参与，也促进了金融业务的多样化发展，拓宽了金融服务内容。

第四节　重庆市房地产业与区域经济耦合协调度分析

　　作为国民经济的基础性和先导性行业，房地产业的发展对于地区经济发展而言起着重要的牵引作用。房地产市场的繁荣是地区经济发展的重要支撑，而地区经济发展又为房地产业的发展提供了必要的环境，若不能实现房地产业与地区经济的协调发展，房地产投资则很有可能成为导致地区经济发展走向低迷的导火线。如2006年的鄂尔多斯市，由于煤炭产业带动地区经济得到飞速发展，该市房地产发展迅猛，房地产商拿地增加，鄂尔多斯房价也水涨船高，房价炒到了均价1.3万元左右，有的楼盘更是达到2万元以上；然而伴随经济形势的下滑，六年之后的2012年，鄂尔多斯市则到处是停工的烂尾楼和讨债者，鄂尔多斯楼市泡沫破裂，有媒体甚至称为"鬼城"。其最明显的标志是房价由原来的20000元/平方米跌至3000元/平方米，近八成房地产开发商处于停工或半停工状态，引发对房地产市场的重新思考。由此可见，一个地区房地产市场与区域经济的协调对于整体市场的运行发挥着重要作用。

　　房地产可以为地区经济提供发展动力，而区域经济发展则为房地产业奠定了基础，二者相互协调，才能产生更大效能。而测量二者之间协调度最好的量化模型为耦合关联分析。

　　所谓耦合，是指两个或两个以上的电路元件的输入与输出之间存在紧密配合与相互影响，并通过相互作用从一侧向另一侧传输能量的现象。而耦合度是对模块间关联程度的度量，用来描述系统或者要素之间作用影响程度。系统由无序走向有序机理的关键在于系统内部序参量之间的协同作用，它左右着系统相变的特征与规律，耦合度正是反映这种协同作用的度量。[1] 因此，将耦合度分析应用于房地产业与区域经济两个系统，可以探求二者之间彼此影响的程度，其耦合度的大小也在一定程度上反映了房地产业与区域经济发展之间相互协调的程度。

───────────

　　[1]　刘耀彬、李仁东、宋学锋：《中国城市化与生态环境耦合度分析》，《自然资源学报》2005年第1期。

本书之所以选择四个直辖市进行对比分析，原因在于找到重庆市与其他三个直辖市之间在发展上的差距。作为最年轻的直辖市，社会发展水平、经济发展实力及相关产业建设在一定程度上不如北京市、上海市和天津市，但是本书研究重点在于探求四个直辖市之间在房地产市场发展与地区经济耦合之间的协调度分析，从而在直辖市层面分析重庆市所处的地位和状态。基于以上分析，就重庆市房地产业和区域经济发展耦合协调度进行以下运算：

首先，在陈基纯等[①]文章基础上，构建适宜度量重庆市房地产业与区域经济耦合协调度评价的指标体系。管理学大师彼得·德鲁克在 1954 年的《管理的实践》一文中提出了构建绩效指标的 SMART 原则，该原则为绩效指标的选取提供了标尺。该文指出，绩效指标必须是具体的、可衡量的、可达到的、具有一定的相关性和具有明确的截止期限。在以上原则指导下，构建如表 5-6 所示的房地产与区域经济耦合协调度评价指标体系，该指标体系共分为两大系统，6 个二级指标，16 个三级指标。权重的设定由专家打分法得到综合得分，表示该项指标在整体评价体系中所占据的重要程度。

其中，房地产系统分为投资效应、产业效应和就业效应三个二级指标，投资效应中包含房地产开发投资额、房地产固定资产投资两个指标，产业效应包含施工面积、竣工面积和销售面积三个指标，就业效应包含房地产开发企业个数和房地产从业人数两个指标。

而区域经济系统共分为消费效应、资金效应和基础效应三个二级指标，消费效应涵盖人均 GDP、人均年可支配收入、在岗职工年平均工资和城乡居民人均储蓄四个指标，资金效应涵盖 GDP、地方财政收入和第三产业产值三个指标，基础效应涵盖人均绿地面积和邮电业务总量两个指标。

其次，依据表 5-6 中的相关指标，选取 2012 年北京市、重庆市、上海市、天津市对应数据（见表 5-7）。

---

① 陈基纯、陈忠暖：《中国房地产业与区域经济耦合协调度研究》，《商业研究》2011 年第 4 期。

表 5 – 6　　　　　房地产与区域经济耦合协调度评价指标体系及权重设定

耦合系统	指标类型	指标体系	权重
房地产系统	投资效应	房地产开发投资额（万元）	0.1704
		房地产固定资产投资（亿元）	0.2597
	产业效应	施工面积（万平方米）	0.0632
		竣工面积（万平方米）	0.0759
		销售面积（万平方米）	0.1022
	就业效应	房地产开发企业个数（个）	0.1685
		房地产从业人数（人）	0.1601
区域经济系统	消费效应	人均 GDP（元/人）	0.1713
		人均年可支配收入（元）	0.1503
		在岗职工年平均工资（元）	0.0596
		城乡居民人均储蓄（元）	0.1455
	资金效应	GDP（亿元）	0.1525
		地方财政收入（万元）	0.1334
		第三产业产值（亿元）	0.0554
	基础效应	人均绿地面积（平方米）	0.0806
		邮电业务总量（万元）	0.0514

表 5 – 7　　　　　北京市、重庆市、上海市及天津市相关数据

耦合系统	指标类型	指标体系	北京市	重庆市	上海市	天津市
房地产系统	投资效应	房地产开发投资额（万元）	31534419	25084000	23814000	12600000
		房地产固定资产投资（亿元）	3491.1	2991.4	2402.3	1824.6
	产业效应	施工面积（万平方米）	13122.49	22009.03	13249.97	9864.22
		竣工面积（万平方米）	2391	3990.63	2305	2542.75
		销售面积（万平方米）	1943.7	4522.4	1898.46	1511.4032
	就业效应	房地产开发企业个数（个）	2981	2552	3132	1322
		房地产业从业人数（人）	476000	196300	333600	497500
区域经济系统	消费效应	人均 GDP（元/人）	87475	38914	85373	93173
		人均年可支配收入（元）	36469	22968	40188	29626.41
		在岗职工年平均工资（元）	85306	45392	80191	65398.4
		城乡居民人均储蓄（元）	104611	28390	90387	50500
	资金效应	GDP（亿元）	17879.4	11409.6	20181.72	12893.88
		地方财政收入（万元）	45129000	37995788	37437100	17600201
		第三产业产值（亿元）	13669.93	4494.41	12199.2	6058.5
	基础效应	人均绿地面积（平方米）	11.87	18.13	7.08	10.54
		邮电业务总量（万元）	6312300	2769900	6379300	1850000

再次，计算房地产业与区域经济综合发展水平，由于表 5 - 7 中的数据量纲不同，因此，先将表中数据进行标准化处理，以保证数据运算有效性，再利用下面公式分别计算两个系统的综合发展水平：

$$f(x) = \sum_{i=1}^{n} w_i x_i, \quad g(y) = \sum_{i=1}^{n} w_j y_j$$

其中，$f(x)$、$g(y)$ 分别为房地产业系统和区域经济系统综合发展水平，x_i 为房地产业系统各指标的标准化值，y_j 为区域经济系统各指标的标准化值。

最后，计算房地产业与区域经济耦合度。本实证环节涉及房地产系统和区域经济系统两个方面，构建耦合度模型如下式所示：

$$C = 2\{[f(x) \times g(y)]/[(f(x)+g(y))(f(x)+g(y))]\}^{1/2}$$

由上式可知，耦合度 C 介于 0 和 1 之间，而且当 C 趋向于 1 时，表明房地产系统与区域经济系统之间的耦合度越来越强，且二者之间处于良性共振耦合，整体系统也将趋于有序；反之，当 C 趋向于 0 时，表明房地产系统与区域经济系统之间的耦合度越来越弱，且二者之间处于非良性耦合，整体系统也将趋于无序状态。

上式耦合度 C 是反映二者协调度的关键指标，对于判断房地产业与区域经济之间耦合作用的强弱及有序程度具有重要的指示价值。然而，由于不同地区间的房地产业与区域经济发展具有动态、不平衡特性，单纯利用耦合度判别难以反映房地产系统与区域经济系统的协同效应，也容易产生误导。因此，下文将利用耦合协调度模型进行有效衡量，具体计算公式如下：

$$D = (C \times T)^{1/2}$$

$$T = \alpha f(x) + \beta g(y)$$

其中 D 为耦合协调度，C 为耦合度，T 则表示房地产与区域经济的综合评价指数，是一个生产的综合体。而房地产业只是作为区域经济发展中的重要环节，并非决定区域经济发展水平的唯一动力。因此，选取指标 $\alpha = 0.6$，$\beta = 0.4$。

如表 5 - 8 所示，房地产业与区域经济协调性的度量中，协调区间分为耦合协调类、过渡类和失调衰退类三大类别，其中耦合协调类（可接受区间）又分为优质、良好、中级和初级耦合协调度四个等级；过渡类（勉强接受区间）分为勉强耦合协调类和濒临失调衰退类两个等级；而失调衰退类（不可接受区间）分为轻度、中度、严重和极度失调衰退类四个等级。因此，结合本节有关内容及表5－8，对重庆市房地产业和区域经济耦合协调进行实证分析，得到表5－9。

表5－8　　　　房地产业与区域经济耦合协调的分类体系与判别标准

协调区间	D	亚类	$f(x)$ 与 $g(y)$ 关系及类型
耦合协调类 （可接受区间）	0.90—1.00	优质耦合协调类	
	0.80—0.89	良好耦合协调类	
	0.70—0.79	中级耦合协调类	$f(x) > g(y)$ 为经济滞后型；$f(x) = g(y)$ 为房地产与经济同步型；$f(x) < g(y)$ 为房地产滞后型
	0.60—0.69	初级耦合协调类	
过渡类 （勉强接受区间）	0.50—0.59	勉强耦合协调类	
	0.40—0.49	濒临失调衰退类	
失调衰退类 （不可接受区间）	0.30—0.39	轻度失调衰退类	
	0.20—0.29	中度失调衰退类	
	0.10—0.19	严重失调衰退类	
	0—0.09	极度失调衰退类	

表5－9　　　　北京市、重庆市、上海市、天津市耦合结果

	北京市	重庆市	上海市	天津市
$f(x)$	0.791844231	0.684985637	0.516865166	0.253724797
$g(y)$	0.876793795	0.27088567	0.832447751	0.425782989
D	0.908159229	0.6841643	0.790734829	0.558602417

由表5－9可以得出，除重庆市外，其余三个直辖市均属于房地产滞后型，即房地产业滞后于区域经济发展，具体表现为房地产市场发展相对落后、市场供给不足而需求旺盛，造成极大的刚性需求，社会容纳能力较大；而重庆整体属于区域经济滞后型，即区域经济发展速度滞后于房地产业发展速度，区域经济支撑能力有限，这也真实地反映了社会现实。2012年，重庆市经济总量为11459亿元人民币[①]，居全国第22位，由此表明，重庆市整体经济仍有进一步上升的必要，只有保持高速增长的经济，才有助于房地产业的健康持续发展。

————————

① 《中国统计年鉴》（2013）。

第六章 重庆市房地产市场保持房价基本稳定的经验

进入20世纪以来，重庆市迎来了众多发展新机遇，1992年"三峡工程"启动，1997年被确立为直辖市，2000年"西部大开发"正式开始运作，2014年李克强总理提出建设"长江经济带"等一系列优惠政策，促进了重庆市的社会经济健康发展。经过十几年的成长，重庆市房地产业发生了巨大的变化，特别是在2007年后，重庆市迎来"全国统筹城市综合配套改革试验区"、"内陆唯一保税港区"、"西部综合保税区"、"重庆两江新区"设立以及"跻身全国五大中心城市之一"等重大历史机遇，逐渐脱离了缓慢增长的落后状态，呈现出快速发展的态势。

重庆市自直辖以来，为保障和改善民生推出了许多创造性举措，如保障性住房（公租房为特色）、房产税及地票交易制度等，收到了良好的效果。综观全国及国内主要一线城市房价走势，2001年以来，中国房价开始出现上涨局面。从图6-1来看，重庆市近10年均价水平最低，低于全国平均水平，与北京、上海、广州、深圳等一线城市距离较大，而且房价始终处于稳定状态，上涨趋势比较缓和。

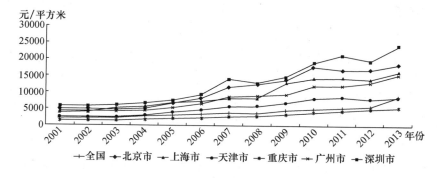

图6-1 2001—2013年全国及重要城市商品房销售均价

资料来源：《中国统计年鉴》、《中国房地产统计年鉴》。

　　而重庆市房地产价格保持基本稳定主要在于其房地产价格的中位线下移导致。与北京、上海、广州等一线城市房价中位线上移不同的是，重庆市由于采取了一系列的举措将重庆市房地产价格由上往下进行了拉低，致使房价中位线下移，特别是重庆市保障性住房建设和房产税的开征，使得重庆市有效地遏制了高端消费，有力地打击了投机性房地产投资行为，确保了重庆市房地产市场价格保持稳定。而与之相反，北京、上海、广州等一线城市则受到区位、经济发展的优势，房地产价格逐渐由下往上拉升，则需过旺，不断抬升了其房地产价格。因此，着重分析并总结重庆市房地产价格保持稳定的经验做法是非常有必要的。

　　本书通过梳理重庆市房地产价格基本稳定的八个成功经验，力求推出具有可复制可推广的经验做法。

第一节　保障性住房——重庆房产新名片

一　保障性住房概况

（一）保障性住房建设背景

　　1998 年 7 月，国务院发布《关于进一步深化城镇住房制度改革加快住房建设的通知》，指出，从同年下半年开始全面停止住房实物分配，实行住房分配货币化。由此，中国开始实施由商品房占主要方式的供房制度。该文件也首次提出要建立和完善以经济适用住房为主的多层次城镇住房供应体系，从此中国开始进入建立住房保障制度阶段，并成为经济体制改革的重要组成部分。

　　1999 年 4 月，建设部颁布《城镇廉租住房管理办法》，要求为进一步完善政府和单位在住房领域的社会保障职能，城镇廉租住房将向城镇常住居民户口的最低收入家庭提供。中国廉租房建设逐步起步，住房体系得到不断丰富，逐渐成为中国体制改革的重要组成部分，与商品房供应一起扮演着越来越重要的角色。

　　2012 年 11 月，党的十八大胜利召开，胡锦涛做了《坚定不移沿着中国特色社会主义道路前进，为全面建成小康社会而奋斗》的报告。报告明确指出，必须以保障和改善民生为重点。提高人民物质文化生活水平，是改革开放和社会主义现代化建设的根本目的。要多谋民生之利，多解民生之忧，解决好人民最关心、最直接、最现实的利益问题；同时，要建立市场配置和政府保障相结合的住房制度，加强保障性住房建设和管理，满足困难家庭基本需求。并且明确了住房保障制度建设的基本方向是加快建立市场配置和政府保障相结合的住房制度，完善符合国情的住房体制和政策体系，立足保障基本需求、引导合理消费，加快构建以政府为主提供基本保障、以市场为主满足多层次需求的住房供应体系，逐步形成总量基本平衡、结构基本合理、房价与消费能力基本适应的住房供需格局，实现广大群众住有所居的目标。

2013 年 12 月，中央经济工作会议指出，要着力做好保障和改善民生工作。努力解决好住房问题，探索适合国情、符合发展阶段性特征的住房模式，加大廉租住房、公共租赁住房等保障性住房建设和供给，做好棚户区改造；特大城市要注重调整供地结构，提高住宅用地比例，提高土地容积率。

2014 年，《政府工作报告》把投资作为稳定经济增长的关键，中央预算内投资拟增加到 4576 亿元，重点投向保障性安居工程、农业、社会事业等领域。同时，完善住房保障机制，以全体人民住有所居为目标，坚持分类指导、分步实施、分级负责。加大保障性安居工程建设力度，新开工 700 万套以上，其中，各类棚户区 470 万套以上。加强配套设施建设，提高大城市保障房比例，推进公租房和廉租房并轨运行，并且年内基本建成保障房 480 万套，解决部分群众住房困难问题。

由此可见，住房问题一直以来是各届政府高度关注的焦点。新一届政府对保障性住房的关注更是提升到了新高度，有力促进了保障性住房的健康发展。认真分析中国保障性住房体系，不仅可以整体把握中国房地产市场的重要构成，更是释放改革红利，推动民生改革的重大抉择。

重庆市委、市政府高度重视保障房建设，并将其列为"民生工程之首"。同时，在中央和国家有关部委的大力支持下，重庆市积极筹措资金，重庆市公租房建设已经初具规模，并发挥着重要作用，逐步成为全国房地产市场的新名片，形成了全国可复制、可推广的经验。

（二）保障性住房内涵及表现形式

保障性住房是指政府为中低收入住房困难家庭所提供的限定标准、限定价格或租金的住房，由廉租住房、经济适用住房和政策性租赁住房构成。这种类型的住房有别于完全由市场形成价格的商品房。与世界各国的住房供应体系一样，其他国家将住房分为公屋和私屋两部分。所谓公屋就是由政府提供的保障性住房，而私屋则是消费者自己购买的商品性住房，此部分由市场提供。

1. 经济适用房

经济适用住房是政府以划拨方式提供土地，免收城市基础设施配套费等各种行政事业性收费和政府性基金，实行税收优惠政策，以政府指导价出售给有一定支付能力的低收入住房困难家庭。这类低收入家庭有一定的支付能力或者有预期支付能力，购房人拥有有限产权。

经济适用房是具有社会保障性质的商品住宅，具有经济性和适用性双重特点。经济性是指住宅价格相对于市场价格比较适中，能够适应中低收入家庭的承受能力；适用性是指在住房设计及其建筑标准上强调非建筑标准。

2. 廉租房

廉租房是政府或机构拥有，用政府核定的低租金租赁给低收入家庭。低收入家庭对廉租住房没有产权，是非产权的保障性住房。廉租房只租不售，出租给城镇居民最低收入者。在房价疯涨、经济适用房走入困境、百姓居住难的背景下，廉租房成为社会关注的焦点。

3. 公共租赁房

公共租赁房是指通过政府或政府委托的机构，按照市场租价向中低收入住房困难家庭提供可租赁的住房；同时，政府对承租家庭按月支付相应标准的租房补贴。其目的是解决家庭收入高于享受廉租房标准而又无力购买经济适用房的低收入家庭的住房困难。这个概念正好被定格在新出炉的"租赁型经济适用房"。经济适用房以租代售，可以说是将经济适用房变成"扩大版的廉租房"。

4. 定向安置房

定向安置房是政府进行城市道路建设和其他公共设施建设项目时，对被拆迁住户进行安置所建的房屋。安置对象是城市居民被拆迁户，也包括征地拆迁房屋的农户。

5. 两限商品房

两限商品房是指"限套型、限房价"的商品住房。其是为降低房价，解决城市居民自住需求，保证中低价位、中小套型普通商品住房土地供应，经城市人民政府批准，在限制套型比例、限定销售价格的基础上，以竞地价、竞房价的方式，招标确定住宅项目开发建设单位，由中标单位按照约定标准建设，按照约定价位面向符合条件的居民销售的中低价位、中小套型普通商品住房。两限房并不是严格意义上的"保障性住房"。

6. 安居商品房

安居商品房是指实施国家"安居（或康居）工程"而建设的住房（属于经济适用房的一类），是党和国家安排贷款和地方自筹资金建设的面向广大中低收入家庭，特别是对4平方米以下特困户提供的销售价格低于成本、由政府补贴的非营利性住房。[①]

（三）保障性住房供给的经济分析

保障性住房由政府提供，通过采取直接或者间接的方式影响市场住宅供给，以满足市场中部分人群的住房需求。在这个过程中，政府对保障性住房具有主导作用。保障性住房一般分为政府直接提供、政府间接提供和发放住房补贴三种供给方式。其中，政府直接提供，是指政府提供生产，并以较低价格提供给中低收入阶层；政府间接提供，是指由政府向房地产开发商提供一定的政府性补贴，保障其建造标准和价格适中；而住房补贴，则是政府对保障性住房的居住群体进行直接补贴，以确保住房基本需求。[②]

下面，以经济学视角分析保障性住房建设对社会带来的影响：

首先，如图6-2所示，政府提供保障性住房的结果是使得供给曲线 S 向右下方移动至 S' 点，那么原有的供求平衡点就由 E 点随之向右下方移动至 E' 点，所对应的价格出现下降，到达最新平衡态的 E' 点后，供给量 Q 增加。由政府提供保障性住房的优势在于政府能够利用现有资源，集中力量解决住房短缺问题。但是也不难看出，政府在提供保障性住房的同时，很大程度上影响了商品房开发商的利益，不利于开发商投资的积极性发挥，也降低了住房市场的运行效率。因此，保障性住房的建设是政府在特定环境下，提供定量住房的一种措施，而不是由政府满足社会所有的住房需求，否则，会造成资源利用的不合理。

----

① 百度百科。

② 刘丽荣、张磊、张健：《试述保障性住房的和谐供给模式》，《建筑经济》2008年第6期。

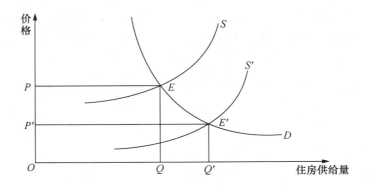

图6-2 政府增加住房供给

其次，目前世界上大多数国家通过提供优惠贷款、减免税收、降低土地成本和简化管理程序等方式，以减少修建住房投入要素成本，降低住房平均成本和边际成本。如图6-3所示，间接地增加保障性住房供给，政府倡导的某类住房建设成本由于政策扶持而下降，住房平均成本曲线和边际成本曲线由 AC 和 MC 下降到 $A'C'$ 和 $M'C'$，成本减少使住房供给量增加。开发商接受政策性补贴兴建低等级住房是一种市场行为，政策实施后，低等级住房供应增加，租金水平下降，可弥补低收入阶层住房短缺。[①]

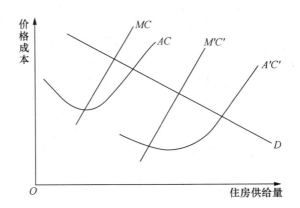

图6-3 政府建设修建住房成本

---

① 刘丽荣、张磊、张健：《试述保障性住房的和谐供给模式》，《建筑经济》2008年第6期。

最后，马克思主义社会保障理论认为，社会主义国家社会保障的实质在于合理分配国民收入。社会产品分配给劳动者个人时，应该扣除以下三项内容：（1）用来补偿消费掉的生产资料部分；（2）用来扩大再生产的追加部分；（3）用来补偿不幸事故、自然灾害等后备基金或保险基金。扣除以上三项内容之后，剩余的社会总产品在分配前还应扣除，（1）和生产没有关系的一般管理费用；（2）用来满足公共需要的部分，如学校、保健设施等；（3）属于所谓官办济贫事业的部分。而保障性住房显然属于社会保障的重要组成部分，属于自古以来就备受中国社会高度重视的民生问题。

二　保障性住房建设的重要性

加快保障性住房建设，推进人民生活幸福安康是政府及相关部门关心的话题。加大保障性住房建设有助于改善低收入居民的居住条件，并且有利于改善民生、促进社会和谐稳定。2013 年，中国城镇居民家庭人均可支配收入为 26955 元，较 2000 年的 6280 元增长了近 3.33 倍；而重庆市2000 年城镇居民家庭人均收入为 6296.74 元，城镇居民家庭人均可支配收入为 6276 元，2013 年两个指标分别达到 26850 元和 25216 元。① 2014年 1 月重庆市商品房销售均价为 7626 元/平方米，这表明重庆市仍有部分家庭需要依靠政府提供保障性住房来维持生计，因此，加快重庆市保障性住房建设有助于保障中低收入家庭安居乐业。

对于房地产市场而言，政府加快保障性住房建设可以增加房地产市场的总供给量，进而调节整体市场的供需平衡，稳定商品房销售价格在合理区间变动。保障性住房针对的对象是生活中无力或有难度购买商品房的群体，由政府提供低廉的住房，以保障其最基本的居住要求，实现"居者有其屋"。同时，由于减轻了应付房租和还房贷款的压力，这部分群体就有较之前更多的资金享受生活，在一定程度上刺激消费，提高生活幸福指数。

大力推进保障性住房建设，不仅是一项民生工程，更是住房体制改革的重要表现。近年来，国家逐步重视新型城镇化建设，而本质在于以"人"为核心的城镇化，促进劳动力的有效转移。目前，在城市建设过程中，出现了大批进城务工人员，为了更好地改善原有生活，大部分务工人

---

① 国家统计局进度数据库。

员都将家庭带入城市，这就造成了一部分的住房需求，如果政府不提供保障性住房，则面临着较严重的社会安定隐患，而努力解决该群体的居住问题，既能保障生活基本需求，又能安定社会秩序，形成良好的发展氛围，也是党的群众路线教育实践活动在民生建设中的重要体现。总之，保障性住房建设是党在新形势下推进以人为本的社会主义核心价值观的重要举措，也是推进社会事业各项改革的重要突破口。

三　国外保障性住房借鉴

保障性住房是政府为部分群体居住的"公共产品"。在西方国家，政府对住房市场进行调控，同时为保障低收入群体的住房需求，提供比较完善的住房保障制度。世界各国住房保障制度可以分为两类：一类以美国、英国、日本、新加坡等国家为代表，主要是为了解决住房短缺，提供"基本住宅"；另一类则以瑞典、加拿大、澳大利亚等国家为代表，其住房保障的着眼点在于提高住房条件，即提供"良好的住房"。①

现在就几个典型国家的保障性住房情况予以说明：

（一）美国

美国保障性住房的制度建设始于 1938 年，其《国民住宅法》决定成立"联邦国民抵押贷款协会"（Fannie Mae），该机构的主要任务是开辟住房抵押贷款的二级市场，购买联邦住宅管理局和退伍军人管理局担保的抵押贷款，目的在于为中低收入居民提供购买服务，并借以提升抵押贷款二级市场的流动性。在其保障性住房建设方面起步时间不长，但是住房保障制度已经较为成熟。

1. 拥有完善的法律保护政策

美国住房保障体系的核心在于高度重视有关住房的立法工作。为积极解决低收入群体的住房问题，先后通过了 1949 年的《住宅法》、1954 年的《城市重建法》、1961 年的《国民住房法》和 1968 年的《住房与城市发展法》等。住房保障的内容主要包括：（1）扩大房屋抵押贷款保险。人们购房时通常按房价的 25% 支付现款，其余部分以房屋为抵押向银行或储蓄放款协会贷款支付，房屋抵押贷款的期限一般为 30 年；（2）提供低租金的公共住房。公共住房的租金不到一般住房租金的一半。② 由此可

---

① 孙建波、梁芸：《揭开房地产的面纱——基于产品特征、市场行为与社会层次的研究》，中国金融出版社 2010 年版。

② 高英东：《美国的社会保障政策及其改革》，《社会问题》2003 年第 3 期。

见，美国早已开始对住房市场实行市场与政府并行的制度，一部分交由市场提供，并可提供相应贷款；而另一部分交由政府提供，即"保障性住房"。通过一系列政策法规的支持，促使住房保障工作顺利开展。

2. 金融机构积极参与住房保障建设

美国政府通过直接拨付财政资金，用于中低收入家庭修建保障房和住房补贴。私人金融机构和政府金融机构均经营房地产贷款业务，特别是个人住宅抵押贷款，同时建立专门的信贷机构，如联邦住宅放款银行委员会、联邦住宅抵押贷款公司和联邦住宅管理委员会等，借助政府和市场两方面加大住房保障；政府以低息贷款政策来刺激房地产开发商，使开发商更主动参与保障性住房建设。住房补贴方面，美国政府提供公共房屋、津贴房屋、租金津贴和廉价公屋四种形式，对廉价住房的建造提供补贴，包括地方政府建设的公共住房和私有营利性或非营利性机构建设的廉价住房。

（二）日本

日本社会保障工作发展迅速，取得了显著成效，特别是在保障性住房方面形成了自己的特色。其供应模式以日本住宅金融公库（承担为公共住宅融资的职责）、日本住宅都市整合公团和地方住宅供给公社为主体。

1. 法律保障

先后颁布实施了《住宅金融公库法》、《公营住宅法》和《日本住宅公团法》等，健全的住房法律保障使得日本住宅政策走向正轨，也满足了不同阶层对于住房需求的差异化。如日本通过税收政策调节保障性住房管理，《住宅取得促进税制》规定，利用住宅贷款自购、自建住宅的居民，在5年内可以从每年的所得税中扣除当年年底的住宅贷款剩余额的1%。居民住房转让时，买方应缴纳税率为3%的固定资产取得税，出卖方应缴纳利润所得税，其税率为20%—30%，以扣除项目后的金额按比例缴纳。在住房持有环节征收税率为1%的不动产税，税基按房屋评估值的80%计征。

2. 财政支持

20世纪50—80年代，日本政府主要以租赁形式解决低收入家庭的居住问题。从政府财政中拿出资金用于保障房建设及管理，并逐步形成了由政府财政出资、地方政府出地并组织建设和管理的模式。此外，日本政府还通过严格的中低收入阶层住房供给的准入准出制度、政策补贴和金融支持等手段加大对保障性住房的管理。这些政策经过几十年发展，特别是政府兴建的保障性租赁住房，受到市场欢迎。

（三）新加坡

新加坡 1959 年脱离英联邦自治，1965 年独立建国，其经济保持了持续快速增长，2013 年新加坡国内生产总值达到 17366.25 亿元，逐步成为亚洲最重要的金融、服务和航运中心之一。

多年以来，新加坡一直秉持"居者有其屋"的住房保障理念，逐步改善了较差的住房条件，在解决低收入群体居住问题的同时，也带动了地区经济快速发展，促进了社会安定团结。新加坡的保障住房体制的发展分为四个阶段，即 20 世纪 60 年代以前的陋屋区时代、1960—1970 年的大规模发展低成本住房、1971 年到 20 世纪年代中期的大量增加住房供给，提供全面居住环境和 20 世纪 80 年代中期以后的提升质量与服务，经过多年发展，新加坡在住房保障方面取得了重大突破。

在新加坡，只有年满 21 周岁，并且没有私有房产的新加坡公民，才可以申请到政府组屋。同时，对月收入也有明确规定，新加坡将根据收入情况分级确定住房保障的整体水平，而对于月收入的规定也会随着社会经济的发展而不断发生变化，20 世纪 70 年代最低限额为 1500 新加坡元，而到了 80 年代则提高到 2500 新加坡元，然后又放宽至 3500 新加坡元，保证 80% 以上的中等收入家庭可以居住到政府提供的组屋中。

新加坡的组屋根据面积大小分为"一房"至"六房"等房型。这里的"房"是房间数量。最小的"一房式"是单身公寓，是集客厅、饭厅和卧室为一体的组屋，而最大的"六房式"则是一个客厅、一个饭厅、四个卧室。建屋发展局的调查显示，约有 41% 的组屋居民选择"四房式"，即三室两厅两卫，套内面积 90—100 平方米。27% 的组屋居民选择"五房式"，套内面积为 100—120 平方米。选择两室两厅两卫、套内面积 80 平方米的"三房式"的约占 20%。与私人公寓相比，组屋的最大的区别在于其开放性，没有围墙，也没有专门服务于小区的物业管理处。另一个特点是组屋一层大多是作为开放空间，只有廊柱和承重墙，由此方便居民活动，同时也避免底层组屋的不安全和房屋潮湿。而在公共配套设施建设方面，新加坡为每个社区配有商业中心、餐厅和停车场，以保证人民的正常生活需求，方便市政管理。

新加坡保障性住房的另外一个特色在于建立了住房公积金保障制度。

1995 年开始，新加坡便已经建立了一项强制储蓄制度，该制度要求必须由雇主和雇员共同缴纳，以解决雇员退休生活的保障。1968 年，新加坡政府提出允许利用公积金存款的部分作为首期付款使用，不足部分由每月缴纳的公积金分期支付。住房公积金制度的实行，使得新加坡国民储蓄有了更充足的来源，也刺激了中低收入家庭的购房欲望。

（四）法国

法国拥有住房产权的比例仅为 57%，比欧盟 60% 的平均水平还要低，作为一个西欧发达国家而言，如此低的私房拥有率主要原因在于政府提供了大量低租金住房。法国的低租金住房共分为四部分：一是国营和私营企业建造的房子，企业的福利房为主；二是民间基金会集资建设的社会住房；三是 1948 年法令的私人出租房；四是由国家出资建设的社会住房（HLM）。[①] 法国保障性住房建设与管理主要有以下特点：

1. 拓宽保障性住房建设筹资渠道，借助多方力量共同兴建福利性住房

法国政府主要通过以下四种形式拓宽资金筹措渠道：一是中央政府以财政预算拨款、减免土地税和减免增值税等方式直接进行资助，对地方政府给予补偿基金。通常中央政府是福利性住房项目的主要投资方，地方机构以不同额度参与投资。二是设立专门的社会住房信贷机构，用以承担住房建设过程中出现的信贷及投资管理问题。三是吸引部分企业进行投资建设。四是发动慈善机构利用闲散捐款资金，建设福利性住房。

2. 地方政府进行廉租房的管理工作

法国在建设廉租房过程中可以得到政府的补贴，但是按照规定廉租房建成后，应由各地方政府进行廉租房的管理工作；组建"廉租房管理办公室"，负责廉租房的日常管理工作，保证廉租房只租不卖；同时，以公开透明的方式向社会公布廉租房的出租情况，接受监督。

3. 政策法规保障

2003 年，法国政府颁布的《城市规划和住房法》中，规定政府有权利对一些敏感居住区的住房进行干预；2006 年，通过《国家住房承诺法》鼓励福利性住房供给量；2007 年，通过《可抗辩居住权法》承诺增加住房建设投入，在法国基本实现人人有房住。法案同时规定，国家保障合法居民的居住权，居民可通过法律手段维护自己的居住权。该法案规定，

---

① 李幽兰：《法国保障性住房的运作方式》，《学习月刊》2010 年第 11 期。

2008 年 12 月 1 日起,在住房申请没有得到满意答复的情况下,五类住房困难人群:无房户、将被逐出现住房者、仅拥有临时住房者、居住在恶劣或危险环境中的人、与未成年子女同住且住房面积不达标的人,可向主管部门要求解决住房问题,如问题得不到解决,可向行政法院提起诉讼。①

(五)澳大利亚

澳大利亚住宅由联邦政府和州政府签订住宅协议,制订出详细的住宅资助计划并提供资金,以帮助需要资助群体的住房需求。其中,公房由各州住房委员会或信托公司提供,其职责是为低收入者提供高标准住房。各州住户委员会建造住房的资金由联邦政府和州政府提供,也可由住房委员会每年房租及卖房盈利中提供。向居民提供住房的方法有六种:(1)住房委员会建造后出租或出售;(2)买下私房出租;(3)对低收入者买私房提供补贴;(4)与私人企业合资建房;(5)买进私房,改造后出租;(6)提供材料由居民自己改建。

第二次世界大战后,澳大利亚政府对城市的原有住宅拆除重建。但是新建的高层住宅不受欢迎,有些应该保留的建筑也被拆除了,遭到居民的反对。20 世纪 60 年代,代之以综合改造的方法,对于各历史时期有代表性的建筑都要求保留,由专门权威的非官方机构决定。对拆除重建的住房,在建造时要考虑和周围环境的协调,层数多为 3—4 层。对保留的房屋,在外形上要保持原有的风貌,内部改建达到现代标准。住宅在征得居民同意下,进行一定规模的改建,如内部重新分隔,增加厕所、厨房、碗柜、洗衣房、洗涤设备、热水设备、消防系统等,并调换电线,屋面翻修,卧室和起居室铺满塑料地板等,尽可能使居民有完善的、单独使用的设备,减少对别人的干扰。搞好建筑物的外部设施,如道路修理,对园林精心布置,增加停车场,为居民增加活动室等。

由此可见,发达国家在保障性住房方面,除了因地制宜制定符合本国特色的制度外,大部分国家均有明确的法律条文保障,以充分保证本国新住房建设在合法范围内;同时,积极拓宽筹资渠道,调动政府和市场两个环节加大保障性住房的建设与管理,加大与金融、财政、土地等各部门的配合,共同推动保障性住房建设的顺利开展。

---

① 平丽:《保障房建设管理的国际经验》,《协商论坛》2011 年第 11 期。

四　国内保障性住房案例

（一）北京

国务院停止住房福利制后，北京市就开展经济适用房建设。1999 年，北京市经济适用房施工面积达到 301.4 万平方米；2001 年 8 月，北京市颁布实施《北京市城镇廉租住房管理试行办法》，开始实行廉租住房政策；2007 年 2 月，北京市住房保障办公室正式成立，并逐步建立较完善的住房供应体系；2009 年，《北京市公共租赁住房管理办法》颁布施行，该办法进一步完善北京市分层次住房供应体系，调整住房供应结构，实行租售并举，多渠道满足部分中低收入住房困难家庭住房需求。同年年底，北京市首个公共租赁房项目开工建设，该项目标志着北京市四级住房保障供应体系已经基本建成。北京市政府高度重视保障性住房建设，规定对于无购房能力的低收入群体提供廉租房，而对于有一定支付能力的低收入群体配售经济适用房，限价房则提供给中等收入家庭，从而形成了多层次住房供应体系，以满足各个阶层对于住房的需求。

北京市提供给低收入群体的保障性住房，分为自住型商品房、限价房、经济适用房、公租房和廉租房。

其中，自住型商品房是为了满足一部分"夹心层"的住房需求，按照限购政策规定在本市具有购房资格的家庭，就可以购买自住型商品房。经济适用房、限价房轮候家庭，有北京户籍无房家庭都可以购买，其中单身人士须年满25周岁。"家庭"的概念和以往政策中的概念相同，是指夫妻双方及未成年子女。这意味着，已经拥有一套房的本市夫妻、名下没房的25岁以上本市户籍单身人士、名下没房且有连续5年社保或5年缴税记录的非京户籍家庭，都可以购买。为了确保此类住房真正用于解决符合条件的家庭，北京市要求符合条件的家庭只能购买一套，如果将房屋出售，则不得再次购买。

限价房项目则通常选择在交通相对便利、市政基础设施较为完善的区域建设，建筑面积以 90 平方米以下为主。申请人购买限价商品住房应当以家庭为单位提出申请，并具备下列条件：首先，申请人须有本市户籍，年满18周岁，且具有完全民事行为能力。其中申请人为农业户口的，应是征地拆迁所涉及的家庭。单身家庭申请限价商品住房的，申请人须年满30周岁。其次，申请家庭人均住房面积、家庭收入、家庭总资产净值符合规定的标准。具体标准按照本市每年向社会公布的标准执行。

经济适用房则采取政府主导、以区为主、全市统筹的办法，并遵循以下原则：自愿申请、逐级审核；公开透明、公平公正；严格交易、动态监管。而申请购买经济适用住房的家庭应符合以下条件：首先，申请人须取得本市城镇户籍时间满 3 年，且年满 18 周岁，申请家庭应当推举具有完全民事行为能力的家庭成员作为申请人。单身家庭提出申请的，申请人须年满 30 周岁。其次，申请家庭人均住房面积、家庭收入、家庭资产符合规定的标准。城八区的上述标准由北京市建设委员会同相关部门根据本市居民收入、居住水平、住房价格等因素确定，报市政府批准后，每年向社会公布一次；远郊区县上述标准由区县政府结合实际确定，报市政府批准后，每年向社会公布一次。

《北京市公共租赁住房管理办法》明确规定，公共租赁住房的供应对象是本市中低收入住房困难家庭，包括已通过廉租住房、经济适用住房、限价商品住房资格审核尚在轮候的家庭以及其他住房困难家庭。而对于符合廉租住房、经济适用住房、限价商品住房条件的家庭以及其他符合配租条件的家庭成员中含有 60 周岁（含）以上老人、患大病人员、残疾人员、复转军人、优抚对象或属重点工程拆迁的可优先配租。并且，租赁期限最长为 5 年，合同期满承租家庭应当退出住房；对于承租家庭需要续租的，应在合同期满前三个月提出申请，由产权单位会同相关单位复核，复核条件的续签租赁合同。

城市低收入家庭廉租住房保障方式以发放租赁住房补贴为主，实物配租为辅。租房补贴按人均住房保障面积标准、配租家庭人口、每月每平方米租赁住房补贴标准、家庭收入水平等因素确定。而远郊区（县）廉租家庭按各自区（县）标准计算月租房补贴金额、月租房补贴最低限额及最高补贴限额。配租家庭所租房屋实纳租金超过家庭月租房补贴数额的，超出部分由配租家庭自行承担；低于月租房补贴数额的，按实际发生额发放租房补贴。

（二）上海

上海市住房保障体系遵循"分层次、多渠道、保基本、全覆盖"的基本思路，建立"四位一体、租售并举"的住房保障体系，所谓的"四位一体"，是指廉租房、经济适用房、动迁安置房和公共租赁房四种。

四类保障性住房的准入机制是：（1）廉租房提供给上海户籍家庭人均居住面积低于 7 平方米，人均可支配收入低于 1600 元/月的人群。而对于人均可支配收入在 1200 元/月以下的，则实行财政全额补贴；1200—1600 元/月的实行差额补贴。（2）经济适用房对家庭人均可支配收入在 3300 元/月以下的上海市户籍人口提供住房保障。上海市的经济适用房不同于其他地方，并不仅仅是价格低于同区位商品房的政策性住房，而是对产权做了特殊安排：经济适用房的产权归政府和被保障对象共同持有，使用权归被保障对象。五年后允许上市交易，但政府享有优先回购权，增值部分由政府和被保障对象按产权比例划分。并且在产权配置上向被保障人让渡 10%。（3）动迁安置房主要是针对拆迁改造中被动迁对象，动迁安置房 3 年内不得上市交易，3 年后可以自由交易，比较而言，动迁安置房更接近于商品房。（4）共用租赁房面向所有在上海工作的社会群体，租金略低于市场租金水平。公共租赁房只租不售，解决暂时买不起住房、又不符合其他住房保障条件的在沪工作人员的居住问题。

（三）广州

20 世纪 80 年代开始，广州市就已经开始解决困难户的居住问题，并相继开工建设安居房和廉租房等，可以说广州市的保障性住房建设一直走在全国的前列，在全国率先建立住房保障政策体系、全国首创保障房用地单独储备制度、建立"政府主导、社会参与"模式等先进经验。

广州市保障性住房的申请条件中要求：每一住房困难家庭或者单身居民只能申请购买或者租赁一套保障性住房，或者选择申请货币补贴，已婚居民应当以家庭为单位申请住房保障。住房困难家庭或者单身居民申请租赁保障性住房应当符合下列条件：（1）由家庭申请的，家庭成员中至少一人具有本市户籍；由单身居民申请的，应当具有本市户籍；（2）家庭人均年收入或者单身居民年收入在申请受理日之前连续两年均不超过本市规定的租赁保障性住房的收入线标准；（3）家庭财产总额或者单身居民个人财产总额不超过本市规定的租赁保障性住房的财产限额；（4）家庭成员或者单身居民在本市无任何形式的住宅建设用地或者自有住房；（5）家庭成员或者单身居民提出申请时未在本市和国内其他地区享受住房保障；（6）市政府规定的其他条件。

在经济租赁房方面，广州市为解决没有能力购买经济适用房的"夹心层"住房问题，从 2007 年研究制定相关政策，保障该部分群体的居住需求。经济租赁房将根据申请者的家庭人均年收入分为多个档次，收入越高的市民，租金基数越高，每月缴纳的房租也越高。当租住者的收入高到可以进入租赁市场或者商品房市场时，经济租赁房的租金水平也相应提高，促使租住者退出经济租赁房市场。

五　重庆市保障性住房成功经验

2013 年，重庆市人民政府发布《重庆市人民政府办公厅关于继续做好房地产市场调控工作的通知》，要求继续完善重庆市住房保障体系工作。在 2013 年共建成 15.58 万套、新开工 23.39 万套保障性住房，确保完成国家任务。继续推进公租房保障工作，对象包括本市住房困难家庭、大中专院校及职校毕业后就业和进城务工及外地来渝工作的无住房人员；在主城二环内的 21 个人口集聚区规划公租房项目，与商品住房共享配套服务。协同推进公租房开工率、竣工率、配套率、配租率和社会管理机构到位率。继续做好各类棚户区改造（危旧房改造），逐步开展城镇旧住宅区综合整治，稳步实施城中村改造。2014 年年初，重庆市与国务院签订的《2014 年住房保障工作目标责任书》中指出，重庆市将于 2014 年开工建设保障性住房和棚户区改造住房 2 万套、基本建成 8.3 万套。

重庆市保障性住房供给模式已经基本形成了 "5 + 1" 模式，即由廉租房、经济适用房、危旧房改造、城中村改造、农民工公寓和公租房共同组成。该模式的推行使得重庆市保障性住房建设走在全国前列，2011 年，重庆市公租房开工建设 1425 万平方米，约 21.92 万套，位居全国首位；2012 年，重庆市公租房建设较 2011 年有所提升，年末全市累计开工建设公租房面积达到 4495 万平方米，约 69 万套房源，仅主城区就开工建设3946 万平方米。①

（一）公租房建设

重庆市在全国率先推动公租房建设，规模大、设施全、政策配套好，是一项民心和德政工程。

为解决部分中低收入群体的住房困难，重庆市颁布了一系列有关公租房建设的法律法规，《重庆市公共租赁住房管理暂行办法》、《关于加快发展公共租赁住房的指导意见》、《重庆市公共租赁住房换租操作办法（试行）》等，有效推进了公租房建设的顺利开展。

重庆市对于公租房的申请条件为：申请人应年满 18 周岁，在重庆市有稳定工作和收入来源，具有租金支付能力，符合政府规定收入限制的无

---

① 中国指数研究院西南分院。

住房人员、家庭人均住房建筑面积低于 13 平方米的住房困难家庭、大中专院校及职校毕业后就业和进城务工及外地来主城区工作的无住房人员。但直系亲属在主城区具有住房资助能力的除外。

有稳定工作是指与用人单位签订 1 年以上劳动合同，且在主城区连续缴纳 6 个月以上的社会保险费或住房公积金的人员；在主城区连续缴纳 6 个月以上社会保险费且在主城区居住 6 个月以上的灵活就业人员和个体工商户；在主城区退休的人员；国家机关、事业单位在编工作人员。

收入限制标准是指单身人士月收入不高于 2000 元，家庭月收入不高于 3000 元，超过 2 人的家庭人均月收入不高于 1500 元。市政府将根据经济发展水平、人均可支配收入、物价指数等因素的变化定期调整，并向社会公布。月收入包括工资、薪金、奖金、年终加薪、劳动分红、津贴、补贴、养老金、其他劳动所得及财产性收入。不包括基本养老保险费、基本医疗保险费、失业保险费、工伤保险费、生育保险费等社会保险费和住房公积金。市、区政府引进的特殊专业人才和在主城区工作的全国、省部级劳模、全国英模、荣立二等功以上的复转军人住房困难家庭不受收入限制。

无住房是指申请人和共同申请人在主城区无私有产权住房（私有产权住房包括已签订合同未取得产权证的房屋），未承租公房或廉租住房，且申请之日前 3 年内在主城区未转让住房。住房困难家庭是指人均住房建筑面积低于 13 平方米的本市家庭。计算方法为：人均住房建筑面积＝住房建筑面积÷家庭户籍人口数。

住房建筑面积是指按公房租赁凭证或房屋权属证书记载的面积计算；有多处住房的，住房建筑面积合并计算；家庭人口按户籍人口计算。

住房资助能力是指申请人父母、子女或申请人配偶的父母在主城区拥有 2 套以上住房，且人均住房建筑面积达到 35 平方米以上。

总体而言，重庆市公租房建设具有以下明显特点：

首先，实行"双轨制"住房体系。重庆市将市场供给与政府保障相结合，走出了一条"双轨制"的住房体系，即政府提供保障性住房（包括公共租赁住房、城中村改造的安置房等）给部分无力购买商品房的中低收入家庭，而由市场提供商品性住房满足人们的改善性住房需求，同时抑制高端商品房的炒作行为，进而在重庆市形成了"低端有保障、中端有市场、高端有约束"的住房体系，逐步实现了住房全覆盖。

其次，惠及众多人群。重庆市公租房申请条件明确指出，只要年满18周岁，在重庆市有稳定工作和收入来源，现在家庭人均住房面积低于13平方米的困难家庭，并同时符合政府规定的其他申请条件，即可申请公租房。这对于刚毕业的大中专院校学生和进城务工人员来说是个极大的便利，保障了这部分人群在重庆市的安定工作，提高了生活质量。

对于符合条件的人群，重庆市将按申请时间、选择公租房地点和相应户型进行摇号配租，并及时发放配租确认通知书，以保障其入住权利；而未能获得配租的申请人，可以进入下一轮摇号，通过采取公开透明的措施，使得人们居住安心，也提高了行政部门的办事效率。

《重庆市公共租赁住房管理暂行办法》明确指出，承租人在租赁5年期满后，可选择申请购买居住的公共租赁住房。公共租赁住房出售价格以综合造价为基准，具体价格由市物价部门会同市住房保障、市财政等部门研究确定，定期向社会公布。购买公共租赁住房，可选择一次性付款或分期付款。一次性付款后，不再支付租金；分期付款时，未付款面积按照规定交纳租金。

再次，公租房申请未涉及户籍要求。在重庆市提出的公租房申请条件中，对于户籍制度未给予明确要求，也就是说只要符合公租房租赁的其他条件，均可参与公租房摇号。该做法打破了以往城乡差别，也降低了公租房的入住门槛，更体现出重庆市外向度的宽松局面，对于吸引更多的专业人才及劳动力资源起到了推动作用。

最后，政策福利覆盖面广。2011年，《重庆市市级公共租赁住房租金收入管理暂行办法》明确要求，公租房租金收入纳入基金预算管理，按照政府非税收入有关规定缴入市级国库，并严格执行"收支两条线"。租金收入专项用于公共租赁住房贷款本息偿还和公共租赁住房的维护、管理等支出。在租金的支出管理中，要求公租房租金收入由市财政局统筹安排，在优先安排用于偿还建设贷款本息的前提下，可安排用于公共租赁住房的维护及运营管理。市财政局将根据租金缴库情况统筹安排资金，并按资金用途分别拨付有关部门和单位。

与此同时，重庆市公租房的建设与商品房楼盘布局在一起，共同享有城市基础设施，且容积率约为3.8，保障了入住群体的住房需求，也便利了出行及生活需要。将公租房与商业楼盘混建，配备相应的医疗、教育、生活、银行等便民服务设施和场地，充分给予了人们生活的尊严，也避免出现"贫民窟"现象。

从图6-4可以看出，2010年以来，重庆市每年开工建设公租房面积均呈现增长态势，除2010年外，其余年份建筑面积均大于同期商品房销售面积，这也就意味着重庆市通过大量开工建设公租房，提高了市场住房供给量，在一定程度上抑制了重庆市商品房销售价格，有效地抵制了房价过快增长，对于调控重庆房价有利。

本书认为，公租房面积与商品房销售面积之间的比例可以作为衡量一个城市房价是否稳定的标尺。为此，提出"公商比"概念，即某地区的公商比＝公租房面积/商品房销售面积。根据两个面积的比值来确定地区房价稳定程度，并规定以"1"为临界值，若该比值大于1，则大致可认为该地区房地产市场价格相对稳定；反之，该地区房地产市场价格可能存在问题。

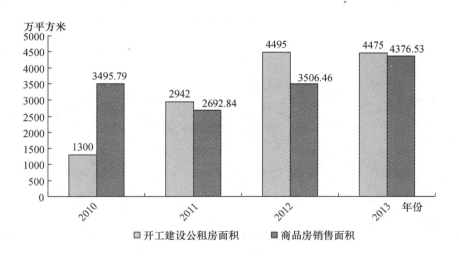

图6-4　2010—2013年重庆市开工建设公租房面积和商品房销售面积

资料来源：《重庆市国土资源和房屋管理公报》。

表6-1　　　　　　　　　2010—2013年重庆市公商比

年份	2010	2011	2012	2013
比值	0.37	1.09	1.28	1.02

通过表6-1可以看出，自2011年以来，重庆市公商比一直稳定在1

附近，近三年重庆市房地产市场未出现较大波动。

从表6－2可以看出，重庆市人均公租房面积逐渐增长，公租房已经成为重庆市房地产价格调控中独特的名片。

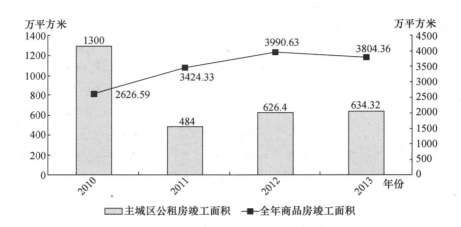

图6－5　2010—2013年重庆市主城区公租房竣工面积和全年商品房竣工面积

表6－2　　　　2010—2013年重庆市开工建设公租房面积、城镇人口数

年份	开工建设公租房面积（万平方米）	城镇人口（万人）	人均公租房面积（平方米/人）
2010	1300	1107	1.17
2011	2942	1277.64	2.30
2012	4495	1317.25	3.41
2013	4475	1344.05	3.33

资料来源：历年《重庆市国土资源和房屋管理公报》、《2013年重庆市国民经济和社会发展统计公报》。

最后，公租房与商品房"混建"，避免出现"贫民窟"现象。重庆市公租房的建设与商品房楼盘布局在一起，共同享有城市基础设施，且容积率约为3.8，既保障了入住群体的住房需求，也便利了出行及生活需要。将公租房与商业楼盘混建，配备相应的医疗、教育、生活、银行等便民服务设施和场地，充分给予了人们生活的尊严，这种"混建"是重庆市保障性住房建设的一项重要原则。时任国土资源局局长张定宇指出，重庆市的保障性住房，从规划布局到基础设施与交通配套，都实行了商品住房、保障性住房无差别"混建"，让不同收入阶层的老百姓共享小区环境和专业物业公司管理与服务，避免不同收入阶层因居住隔离形成"贫民窟"，这样，使公租房住户与整个城市和社会有机融合，避免出现人为造成社会割裂。同时，优质的配套是重庆市保障性住房建设的特点。比如，重庆市的廉租房不仅改善了14.3万户"双困家庭"的住房条件，其完善配套，更是获得好评。位于九龙坡的"华福家园"廉租住房小区，其建筑模型作为全国唯一廉租房建设模型，被国家博物馆收藏。

公租房所在地段一般都有轨道交通做支撑，周边城市配套设施较为完善。绿化率达35%左右，公建配置的建筑面积达10%。套型建筑面积在30—80平方米，其中60平方米以下的占85%，可满足不同类型人群和家庭人数的基本居住需求。以"民心佳园"小区为例，小区内配套有小学、幼儿园、社区管理、商业用房和适量停车位等。2011年将建成的轨道3号线距离小区西侧不到500米，远期规划的轨道4号线就位于小区东侧。四种户型的样板间，从31.14平方米的单间配套到79.35平方米的三室一厅，每种户型都体现了科学设计：起居厅尽量宽大，最大的达到了17.26平方米；房间尽量考虑采光；每种户型都有阳台。样板间都配备了全套的厨房和卫浴设施。由此表明，重庆市公租房建设的突出亮点不仅在于政府的大力支持，更为重要的是重庆市保障性住房建设以人为本的核心理念，更加注重增进人民福祉。

重庆市委市政府加大对公租房建设的法制建设和信息平台建设。2012年以来，先后颁布实施了《重庆市人民政府关于加快公租房配套商业发展的指导意见》、《重庆市人民政府关于进一步加强公租房管理的意见》、《重庆市人民政府办公厅关于加强公租房社区建设工作的意见》、《重庆市民政局、重庆市国土资源和房屋管理局、重庆市公共租赁房管理局关于加强公租房社区居民委员会建设工作的通知》、《重庆市财政局关于印发〈重庆市市级公共租赁住房财务管理暂行办法（试行）〉的通知》等相关法律法规，从法律角度进一步规范了公租房市场，保障了重庆市房地产价格的合理运行。而重庆市通过"重庆市公共租赁房信息网"建设，开通了公租房请网上申报平台，大大方便了重庆市市民对公租房的关注，也提高了政府职能部门的工作效率。

2014年，重庆市市长黄奇帆指出，在公租房推进过程中，要把握好五点要求：一是明确保障对象，主要针对进城农民工、大中专毕业生和城市原住居民中的住房困难家庭。二是优化规划布局。公租房项目要与城市大型聚居区的商业楼盘有机"混建"，共享基础设施和公共设施，避免贫富隔离，促进社会和谐共融。三是坚持"三个同步"，做到公租房竣工、基础设施配套和社会管理机构服务到位基本同步，确保群众安居。四是堵住两个"黑洞"。承租户不得转租当"二房东"，不能利用低房租赚高房租；租满一定期限后可购买有限产权，今后想转让，要么卖给公租房管理机构，要么按共有产权的商品房出售，从制度上防止无休止修建和利益输送的"黑洞"。五是强化投融资平衡，可通过出售配套商业设施和一部分公租房偿还贷款本金，形成良性循环。① 这为重庆市未来公租房建设指明了方向，也提出了下一步重庆市公租房建设的总思路。

（二）棚户区改造

棚户区改造项目是政府为改造城镇危旧住房、改善困难家庭住房条件而提出的民生工程。2014 年，李克强总理多次强调，在推进城镇化进程中，绝不能一边高楼林立，一边棚户连片，要以《国家新型城镇化规划（2014—2020 年）》为指导，做好相关规划的统筹衔接。

由于重庆市属于典型的山城，地形较为复杂，棚户区改造存在一定困难，但重庆市委历来重视棚户区改造工程，2008 年重庆市政府出台了渝府发〔2008〕36 号、37 号和 38 号等针对城市棚户区改造的指导性文件，制定了专项改造规划，由以往的"市场运作、政府支持"的思路转变为"政府主导、市场参与"，由主城区政府作为实施主体推进改造工作。

2013 年 8 月，重庆市出台《关于推进主城区城市棚户区改造的实施意见》，要求坚持"科学规划、分类实施、集约用地、资金自求平衡"的原则推进城市棚户区改造工作。主城区城市棚户区改造也成为重庆市集中力量办好事关群众切身利益的民生实事之一。2013 年，重庆主城棚户区完成房屋改造 33.19 万平方米、2876 户，2014 年计划完成 118 万平方米的改造。

重庆市城乡建设委员会表示，将在 2013—2017 年的 5 年时间内，为改善居民的居住条件，主城区将完成 567 万平方米城市棚户区改造。根据摸底调查数据，567 万平方米的棚户区共涉及居民 7 万多户，其中绝大多

---

① 黄奇帆：《推进新型城镇化的思考与实践》，《学习时报》2014 年 5 月 26 日。

数属于危旧房屋，分布较为集中，片区内基础设施落后，环境卫生状况较差，对于这些区域，重庆市将采取划定改造范围、整体拆除后原地或就近安置重建的方式予以改造。对于分布较为零散、配套功能不完善的危旧房屋，则通过修缮加固、原地改扩建的方式进行改造。市城乡建委表示，整体拆除后原地或就近安置的居民，将按照商品房的建设规划标准逐步完善垃圾污水处置、医疗、通信、道路等功能，提供完善的配套生活设施。

经过多年努力，重庆市保障性住房建设取得了显著成绩，其公租房建设及棚户区改造工作也进展顺利，保障了人们的居住需求。以人均住房面积指标看，在发达国家，人均住房面积一般为30—40平方米，中国人均30平方米比较合理。从图6-6来看，重庆市城镇人均住宅面积在26平方米以下，未能达到普遍认可的标准。因此，重庆市在推进保障性住房及商品房并轨的住房体制下，仍有进一步提升的空间。

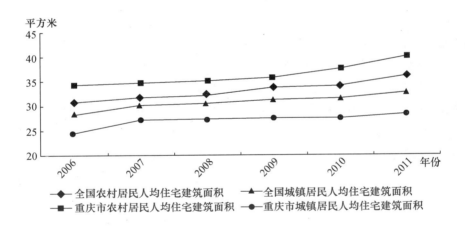

图6-6　2006—2011年全国和重庆市人均住宅建筑面积

资料来源：《中国统计年鉴》、《中国城乡建设统计年鉴》和《重庆统计年鉴》。

第二节　房产税——先行先试探路者

近年来，中国房地产市场出现了较为迅猛的发展，大部分城市商品房价格也呈现上涨趋势，为稳定房地产市场及保障居住权利，国家先后就房地产市场出台了限购政策、土地政策、金融政策和房产税等一系列措施，用于抑制价格的不断上涨给人们生活带来的压力。其中，房产税的征收被认为是较为直接的举措。房产征税的目的就是运用税收杠杆，加强房产管理，提高房产使用效率，控制固定资产投资规模和配合国家房产政策的调整，合理调节房产所有人和经营人的收入。总之，房产税的征收既能完善现行的税收体系，也对合理分配闲散资源、调节财富平衡以及遏制住房炒作起到重要作用。

一　房产税内涵

中国现行房产税的依据是 1986 年 9 月 15 日国务院发布的《中华人民共和国房产税暂行条例》。房产税作为第二步利改税以后开征的一种财产税，有其自身特点：

首先，属于个别财产税。财产税的征税对象较为广泛，大致可分为不动产（土地及其附属建筑物）和动产（车辆、股票、债券等），例如遗产税、车船税、印花税等都属于财产税。征税对象为房屋的房产税也属于财产税系的一种税种，同时由于它的征税对象只是房屋，因此，房产税是一种单项财产税，也称个别财产税。

其次，属于地方税种。从世界范围内来看，房产税一般都作为地方税种征收，并已经成为稳定地方财政的经济来源之一。中国的分税制改革开始于 1994 年，所谓分税制改革，是指按照中央与地方的事权，合理确定各级财政的支出范围；根据事权与财权相结合的原则，将税种统一划分为中央税、地方税和中央地方共享税三种类型，并建立起中央税收和地方税收体系，分设中央与地方两套税务机构分别征管。

其中，中央固定收入包括关税、海关代征消费税、增值税、消费税、中央企业所得税、地方和外资银行及非银行金融企业所得税，铁道、银行总行、保险总公司等部门集中缴纳的收入（包括营业税、所得税、利润和城市维护建设税）、中央企业上缴利润等。另外，外贸企业出口退税，除地方已经负担的 20% 部分外，以后发生的出口退税全部由中央财政负担。

地方固定收入包括营业税（不含银行总行、铁道、保险总公司的营业税）、地方企业所得税、地方企业上缴利润、个人所得税、城镇土地使用税、固定资产投资方向调节税、城市维护建设税（不含银行总行、铁道、保险总公司集中缴纳部分）、房产税、车辆使用税、印花税、屠宰税、农牧业税、耕地占用税、契税、房地产增值税、国有土地有偿使用收入等。

中央与地方共享收入包括增值税、资源税、证券交易税。增值税中中央分享75%，地方分享25%。资源税按不同资源品种划分，海洋石油资源税作为中央收入，其他资源税作为地方收入。证券交易税由中央地方各分享50%。

由此可见，房产税在中国属于地方固定收入税种。但是，由于中国征收房产税的规模较小，因此，并不能成为地方财政的主要经济来源。

最后，计税依据有所区别。房产税征收过程中，要区别房屋的经营使用方式，对于自用的按房产计税余值征收，对于出租房屋按租金收入征税。1986年国务院颁布实施的《中华人民共和国房产税暂行条例》规定，房产税的税率，依照房产余值计算缴纳的，税率为1.2%，而依照房产租金收入计算缴纳的，税率为12%。

二　房产税出台历程

"房产税"是世界各国普遍征收的一种财产税，其征税的对象主要为不动产所有人所保有的不动产，主要针对保有环节而非中国现行政策主要针对的流通环节。以下具体分析中国房产税的产生历程：

1949年新中国成立以后，国家各项事业百废待兴，经济发展面临着巨大的挑战，新中国的主要任务是稳定社会环境、加快经济复苏。在财税工作方面，加强税收征收工作，实现财政收支平衡，促使国民经济尽快得到恢复。

1950年，政务院颁布施行《全国税收实施要则》，暂定征收14种税收，分别是：货物税、工商业税（包括坐商、行商、摊贩之营业课税及所得课税）、盐税、关税、薪给报酬所得税、存款利息所得税、印花税、遗产税、交易税、屠宰税、房产税、地产税、特种行为税（筵席、娱乐、冷食、旅店）和使用牌照税；同年6月，又将地产税和房产税合并为房地产税。

1982年，《中华人民共和国宪法》第十条规定，城市的土地属于国家所有。农村和城市郊区的土地，除由法律规定属于国家所有的以外，属于集体所有，宅基地和自留地、自留山，也属于集体所有。该条文的颁布已经表明原有对城市地产征税的标准不再适应社会发展的需要，国家有必要将房地产税进行分离。

1984年，国务院进行利改税第二步改革，该项改革是在1983年对国有企业利改税第一步改革之后进行的。指出要开征和恢复城市维护建设税、房产税、土地使用税和车船使用税四个地方税种，以利于合理、节约使用房产和土地，解决城市维护建设资金来源问题。

1986年，国务院颁布《中华人民共和国房产税暂行条例》，明确了房产税的征收范围、标准和管理等相关问题。指出房产税在城市、县城、建制镇和工矿区展开，而房产税依照房产原值一次减除10%—30%后的余值计算缴纳。具体减除幅度，由省、自治区、直辖市人民政府规定。没有房产原值作为依据的，由房产所在地税务机关参考同类房产核定。房产出租的，以房产租金收入为房产税的计税依据。房产税的税率则是依照房产余值计算缴纳的，税率为1.2%；依照房产租金收入计算缴纳的，税率为12%。

2009年5月，《国务院批转发〈发改委关于2009年深化经济体制改革工作意见〉的通知》要求，财政部、税务总局、发改委、住房和城乡建设部四部委深化房地产税制改革，研究开征物业税，以此推进财税体制改革。

2010年3月，国家发改委主任张平在中国发展高层论坛中表示，发改委将积极稳妥地推进资源性产品价格和环保收费改革，积极推进水价改革，继续实施排污权的交易试点，同时，要求完善消费税和房产税制度。同年4月，财政部在《财政部2010年工作要点》中也明确指出，要优化财政支出结构，完善房产税制度改革。6月，国务院同意发改委推进房产税改革的意见。7月，在财政部举行的地方税改革研讨会上，相关人士表示，房产税试点将于2012年开始推行，但是，鉴于全国推行难度较大，因此，可从个别城市试点开始。8月18日，重庆市启动房产税征收测试方案上报国务院，重庆市财政局局长刘伟表示："重庆方案的核心内容是尝试实行城市住房供应的'双轨制'，是政府慎重研究后提出的一个优化的综合性方案"。

2011年，《中华人民共和国国务院令》[第588号]指出，将《中华人民共和国房产税暂行条例》第八条中的"《中华人民共和国税收征收管理暂行条例》"修改为"《中华人民共和国税收征收管理法》"；同年，在上海市宣布征收房产税之后，重庆市也开始正式开征房产税。

三　开征个人房产税的理论依据

从经典经济学理论出发，任何商品的价格都是由供给和需求两个方面决定的，房地产价格也不例外。而研究房产税征收的理论依据，则需要回归到税收学理论：

（1）税收公平理论：国家征税的税收公平指纳税人所承担的税负与其经济收入能力相适应，即纳税人在一种税收的负担上要平等、公平、均衡，而衡量税收公平的标准主要有"受益标准"和"支付能力标准"两种观点。受益标准认为，纳税人所缴纳税款的多少要根据从政府提供的公共产品中受益多少来确定。支付能力标准认为，应以纳税人的经济条件和纳税能力来测定税收负担。测定纳税能力可以从客观和主观两方面，客观方面以纳税人的所得、财产、消费等来测定，主观方面以纳税人所感觉的牺牲程度来测定。开征个人房产税应从税收公平原则出发，这也是社会功能说的核心观点，一是个人拥有的房产越多，其纳税能力越强，应该多纳税；二是开征个人房产税可以打击不劳而获，因为房产价值会随经济发展而上升。

（2）税收调控理论：该理论认为，税收作为国家宏观调控的重要手段，应该接受国家强制、无偿的取得，并以税收方式参与到收入分配中，进而调节经济社会中的各个主体，通过调节消费需求来影响产品的生产、流通。在房地产市场中，通过征收个人房产税，可以发挥税收对住房市场的调节作用。对于住房市场来说，由于市场机制失灵，使市场中存在许多问题，政府部门应该运用税收调控手段，最大限度地解决住房市场的问题。若开征个人房产税，对持有住房的个人增加税收，会增加其住房的保有成本，从而引导住房消费，在一定程度上起到了遏制房地产市场投机需求的作用。

四　房产税征收意义

（一）调节合理的收入分配

改革开放以来，国家社会经济得到了较快发展，也带动了一批先富裕的阶层，伴随着国内外形势的进一步变化，中国社会的贫富差距呈现拉大趋势。国际上通常采用"基尼系数"指标判断国家收入分配的公平性，该指标值介于0—1，而通常将0.4作为收入分配差距的警戒线。国家统计局数据显示，2003年中国的基尼系数为0.479，2006年为0.487，2008年为0.491，2009年为0.490，2012年则为0.474，该数据表明中国的收入差距是比较大的。

为解决因贫富差距过大而引起的社会不安定因素的发生，国家采取了一系列措施提高中产和低产阶级的收入水平，征收房产税可以一定程度上缓解这一矛盾。房产税显然应该发挥收入分配方面的这种再分配优化作用，既有利于使财产配置趋向合理，也有助于社会和谐。国家征收房产税的真正目的在于促进市场的公平竞争，进而调节收入分配差异。作为一种国家征收的税种，房产税的征收将在一定程度上起到应有的作用。而且，从重庆市征收房产税的征收对象来看多为高端住房，也印证了这一点。

（二）抑制房地产投资需求过热

房产税的开征，使得部分商品房购买者在选房时有所考虑，进而抑制房地产市场的投资过热现象，引导购房者理性回归。房产税的征收，将引导自住型购房者更加理性消费，其购房时不仅要考虑购房成本，还要将持有成本一并计算在内，通过对比分析，从而再去选择所需购买的户型，在一定程度上抑制部分消费者的投机性消费。由于国家高度重视房产税的征收。因此，房产税的征收加大了持有房产者的持有成本，也会使部分购房者选择观望态度。对投机消费的抑制，将使得房地产市场回归到正常状态，产生的泡沫也将越来越少，最终抑制房地产投资的过度需求。

（三）完善国家税务体系

在中国税收体系中，多数属于对生产环节的直接税收，而对于财产环节的持有税征收不多。本次试点征收的房产税恰恰是对财产持有环节征收的税种。因此，房产税的开征使得国家的税务体系更加完善，也充实了地方税收体系。

（四）调控房产税市场

重庆市政府的住房体系中强调"低端有保障，中端有市场，高端有约束"，也就是说，低端市场由政府提供保障性住房和公租房等，这部分住房不需要缴纳税收、出让金和配套费用；中端交市场解决，该环节将按照国家现行税收制度征收；高端有约束，是指对于一些高级公寓和别墅拥有者征收额外税收，通过房产税对整个市场进行有效调控。

五 国外房产税征收现状

美国房地产税由州政府定期根据房地产估价和相关税率对房地产所有人征收，联邦政府不参与税收，只负责资料的汇总和税收政策的制定。美国房地产税的征收可以追溯至 1792 年，美国建国初期就已经开始在 4 个州征收房地产税；1798 年美国通过的财产税法律中，就包含对房产和土地分别征税的规定。而且房产税已经成为地方政府的主要收入来源，目前税率介于1%—3%，并且可以作为永久持有的最基本保证。而征收的房产税也用于地方政府的各项支出、公共设施的建造。其课税对象是房屋，以房屋估价为课税依据。

新加坡作为世界范围内住房问题解决得比较好的国家之一，政府主导供应住房，这也就满足了大部分群体的住房需求，最大限度地抑制了炒房空间。在房产税征收方面，新加坡采取"小户型、低房价"原则，对购买自用房群体实行税收优惠，对10%的最困难群体，政府提供补贴或者廉租房。对于高价商品房，则采取严格控制措施，对于超过100平方米的住房，一律收取高倍的土地出让金及高额的物业费。

俄罗斯房产税税率则采取中央和地方政府共同确定的方式，由国家规定税率范围，而地方政府根据实际情况在国家范围之内划定本地区的房产税税率。俄罗斯的房产税也是地方税种，税款需要上缴地方财政，税率一般为房产评估价格的0.1%—2%，评估价格通常要低于市场价格。针对一些特殊群体，如俄罗斯的英雄、卫国战争老战士、一二级伤残人士、军人及其家属等，俄罗斯采取房产税减免的优惠措施。

六　沪渝房产税征收比较

2011年，中国首轮房产税改革在上海市和重庆市同时进行，上海作为东部沿海城市的代表，其政策对以后沿海地区的房产税改革有着一定的借鉴意义。而重庆市地处中国内陆腹地，作为未来西部的核心，它的辐射地区是周边类似的欠发达地区，对今后房产税的扩大有一定参照价值。上海市和重庆市改革试点方案可见表6－3。

表6－3　　　　　　　　　重庆市和上海市房产税

	重庆市	上海市
征收对象	对于独栋别墅，不管是存量房还是增量房，均要征税；对于房价达到当地均价两倍以上的高档公寓也将征税；对于在重庆无户口、无工作、无投资的"三无"人员在重庆所购房产，购买两套以上住房的从第二套开始要征收房产税	暂行办法施行之日起本市居民家庭在本市已做出调整且属于该居民家庭第二套及以上的住房（包括新购的二手存量住房和新建商品住房）和非本市居民家庭在本市新购的住房。新购住房的购房时间，以购房合同网上备案的日期为准

续表

	重庆市	上海市
适用税率	新购高档住房价格超过均价两倍，按 0.5% 的税率征收。全部独栋商品房收房产税。购房价格超均价 3 倍以下的收 0.5%，3—4 倍的收 1%，4 倍以上的收 1.2%	适用税率暂定为 0.6%。应税住房每平方米市场交易价格低于本市上年度新建商品住房平均销售价格 2 倍（含 2 倍）的，税率暂减为 0.4%
税收管理	征收所有税费将用于公租房建设	房产税由应税住房所在地的地方税务机关负责征收，纳税人未按规定期限申报纳税的，由地方税务机关向其追缴税款、滞纳金，并按规定处以罚款
试点范围	渝中、江北、沙坪坝、九龙坡、大渡口、南岸、北碚、渝北、巴南	上海市行政区域
税收减免	①对农民在宅基地上建造的自有住房，暂免征收房产税；②在重庆市同时无户籍、无企业、无工作的个人拥有的普通应税住房，如纳税人在重庆市具有户籍、有企业、有工作任一条件的，从当年起免征税，如已缴纳税款的，退还当年已缴税款；③因自然灾害等不可抗力因素，纳税人纳税确有困难的，可向地方税务机关申请减免税和换缴税款	家庭全部住房面积人均不超过 60 平方米；本市居民家庭在新购一套住房后的一年内出售该居民家庭原有唯一住房；子女成年后，因婚姻等需要而首次新购住房，且该住房属于成年子女家庭唯一住房的；符合国家和本市有关规定引进的高层次人才；持有本市居住证满 3 年并在本市工作生活的购房人，其在本市新购住房，且新住房属于家庭唯一住房的

七 重庆市房产税征收概况

自 2011 年上海市、重庆市相继宣布开始征收房产税以来，税收征管部门做了大量工作，取得了一定的成果。表 6-4 显示，2005 年以来，全国、重庆市、北京市、天津市和上海市地方财政收入中房产税收入（亿元）的情况，从表 6-4 中不难看出房产税在各地的征收范围之内呈逐年上升趋势，而图 6-7 反映的则是房产税在地方财政税收收入中所占的比重，重庆市自 2011 年启动新的房产税征收条例以来，征税收入有小幅度上涨，但上涨空间不大，且在总体地方财政税收收入中的比重未有明显变化。

表6-4　　　2005—2012年(2010年除外)全国及直辖市房产税收入　单位：亿元

年份	全国	重庆市	北京市	天津市	上海市
2005	435.9577	5.7507	35.2058	10.304	34.1042
2006	514.8467	6.5549	43.2935	12.6191	42.68
2007	575.46	7.1509	51.7527	14.6712	42.83
2008	680.4	9.3288	63.8422	19.2058	52.2231
2009	803.66	12.13	73.98	22.36	62.9
2011	1102.39	20.89	99.4	30.61	73.66
2012	1372.49	27.43	110.72	40.02	92.56

图6-7表明，尽管重庆市已经开始了新的房产税征收，但是限于各方面因素影响，效果并不理想。黄奇帆市长曾强调，如果房产税最高征到3%，就能很好地抑制炒房，而现在重庆市征收房产税的象征意义远大于其实际意义。

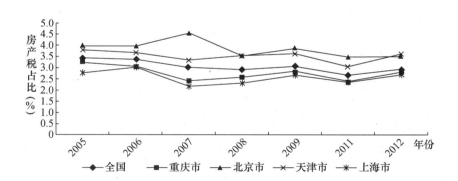

图6-7　2005—2012年（2010年除外）房产税占税收收入比重

资料来源：《中国统计年鉴》、《河北经济年鉴》、《中国区域经济统计年鉴》、《山东统计年鉴》、《北京区域经济统计年鉴》、《上海统计年鉴》和《中国金融年鉴》。

八　推动重庆市房产税改革的政策建议

（一）扩大课税对象范围

重庆市房产税改革方案中的征税对象明确规定为高档商品房，但是，在个人房产税将要进一步扩围的阶段，要慎重确定房产税的课税范围。首先，摆脱现在的"增量房"，逐步转向"存量房"。对个人房产税进行改革，主要原因在于打击房地产的投机行为，因此在房产税的进一步扩围中应结合自身情况，在制定征税对象时将"存量房"适时纳入征税范围。其次，逐步从高档住房向普通住宅过渡，在扩围初期应该考虑普通居民的情况对其制定一定的优惠政策，之后在房产登记制度等相关配套设施得到一定改进之后，按照住房价值等级逐步将各个等级住房纳入征税体系，同时注重减轻低收入者负担，保障个人房产税扩围能够实现预期目标。

（二）规定合理的税率

目前重庆市房产税改革方案中，对于房产税的征收实行比例税率，即根据房屋价格的不同采取不同的税率，这一做法在房产税改革的初期是合理的。但是，随着房产税改革的不断深入，应该积极借鉴世界发达国家完善的税率制定体系，从长期效果出发，制定更为合理的房产税税率体系。因此，可以采用差别税率和累进税率相结合的方法。重庆市在未来条件成熟时可以对普通住宅征收比例税，对高档住宅和多套住宅制定合理的累进税率，从而加大房产税打击投机、腐败的力度，合理配置土地、房产资源。

九　房产税与房地产税收的关系

党的十八届三中全会通过的《中共中央关于全面深化改革若干重大问题的决定》明确指出，"要加快房地产税立法并适时推进改革，加快资源税改革，推动环境保护费改税"，由此"房地产税"概念成为关注的焦点。

从上海市和重庆市试行房产税征收的情况来看，效果并不是很理想。2012 年 11 月，时任财政部部长谢旭人指出，房地产税改革试点的经验应该在全国范围内推广；同时，要积极推进单位房产的房地产税改革进程；同年年底，财政部指出 2013 年要继续推进城镇个人住房信息系统建设、编制实施好住房发展和建设规划。

2013 年，国务院批转发展改革委《关于 2013 年深化经济体制改革重点工作意见的通知》中指出，要继续扩大个人住房房产税改革试点范围；同年 7 月，国家税务总局下发通知，明确要求研究扩大个人住房房地产税改革试点范围。

房地产税是一个综合性概念，即一切与房地产经济运动过程有直接关系的税都属于房地产税，在中国包括房地产业营业税、企业所得税、个人所得税、房产税、城镇土地使用税、城市房地产税、印花税、土地增值税、投资方向调节税、契税、耕地占用税等。

再来对比一下"房产税"，是指以房屋为征税对象，按房屋的计税余值或租金收入为计税依据，向产权所有人征收的一种财产税。由此可知，"房产税"的征税对象是房屋，而"房地产税"则包括房地产商在开发和销售房地产过程中所涉及的增值税、房产税和营业税等税费，包含了"房产税"。再从二者所发挥的功能来分析，"房产税"所起到的作用仅仅是为了调控房地产市场，目标也是为抑制当前过高的房价；而"房地产税"则是为了进一步完善我国现有税收体系，不仅仅是调控手段。

第三节　地票交易——全国范围破冰之举

党的十八届三中全会通过的《中共中央关于全面深化改革若干重大问题的决定》指出，"要明确农户宅基地物权，改革完善农村宅基地制度，选择若干试点，慎重稳妥推进农民住房财产权抵押、担保、转让，探索农民增加财产性收入渠道"。为认真贯彻落实该指示精神，重庆市通过城乡统一的土地要素市场的建立，将建设用地指标加以合理运用，使农村土地得以有效流转，而"地票交易"制度也必将成为中国土地制度改革中的重要事件。

"地票交易"制度是重庆市为解决农村土地使用权流转、统筹城乡发展及调控房地产价格等问题提出的创举，探索将"先征后补"改为"先补后占"，为盘活农村闲置土地、坚守耕地红线、提高土地利用效率发挥了推动作用，"地票交易"制度可以将农村闲置土地通过复垦形式形成城镇的建设用地指标，然后进入土地交易中心拍卖，实现土地的成功流转，达到土地集约化，此举是建立城乡统一建设用地市场的新的尝试和探索；同时，为解决中国农村宅基地空置率低等问题提供可复制、可推广的做法，具有现实意义和推广价值。

一　地票交易"制度可复制"可推广的做法及影响

（一）重庆市"地票交易"制度的发展历程

改革开放以来，家庭联产承包责任制已经成为在农村推行的重要改革，也是农村土地制度的重要转折，集体土地逐渐由集体经营转变为农户经营模式。该模式产生于特定历史环境，推动了生产力的发展，实现了土地所有权和经营权的分离，但是，农村土地承包制始终没有解决农村土地所有权问题。

为积极探索新的城乡统筹发展模式，2007 年，国务院批准重庆市为统筹城乡综合配套改革试验区，自此，重庆市委、市政府加大对城乡协调发展道路的探索，尝试打破城乡二元土地阻隔，优化城乡用地结构，并在国土资源部《城乡建设用地增减挂钩试点管理办法》、国务院《关于支持和促进重庆市统筹城乡改革和发展的意见》等中央文件助推下，于 2008 年 11 月 17 日，重庆市人民政府通过了《重庆农村土地交易所管理暂行办法》。该办法是迄今为止对地票制度最规范的地方性政策文件，该文件从实物交易、指标交易和权益保障等方面对地票相关内容进行了明确界定，也逐步成为调整地票制度的核心法律文件。

2008 年 12 月 4 日，重庆市农村土地交易所正式挂牌成立，该交易所将"地票"作为交易标的物，采取"招拍挂"形式拍卖，由此，中国地票交易制度诞生。而重庆市玉豪龙实业（集团）有限公司在地票首场拍卖会上，以起拍价 1280 万元，最终以竞标价 2560 万元的价格拍得第一张地票——08001 号 300 亩指标。

2009 年 2 月，《国务院关于推进重庆市统筹城乡改革和发展的若干意见》指出，将重庆改革发展上升为国家战略，要求重庆市加快统筹城乡改革和发展，为全国统筹城乡改革提供示范，并要求合理安排和调控城乡用地布局，实行最严格的耕地保护制度和最严格的节约用地制度，严格执行耕地占补平衡制度。稳步开展城乡建设用地增减挂钩试点，设立重庆农村土地交易所，开展土地实物交易和指标交易试验，逐步建立城乡统一的建设用地市场，通过统一有形的土地市场、以公开规范的方式转让土地使用权，率先探索完善配套政策法规。加快重庆土地利用总体规划修编，按照"前期适当集中，后期相应调减"原则，在近期新增建设用地总规模不变前提下，试行近两年增加土地利用年度指标、后几年相应减少年度指标的管理方式。

2010 年 9 月 26 日，重庆市国土资源和房屋管理局印发《关于规范地票价款使用促进农村集体建设用地复垦的指导意见（试行）》的通知，该通知对地票价款的使用方向和拨付监管措施等做出了详细规定，进一步完善了地票运行机制。从此，重庆市地票交易制度逐步形成，并不断走向完善。

（二）重庆市地票交易流程

为进一步规范和优化农村建设用地复垦及地票交易工作程序，提高工作效率，重庆市国土房管局于 2013 年 12 月发布《重庆市国土房管局关于印发优化农村建设用地复垦及地票交易流程方案的通知》，该通知对土地复垦和地票交易的流程做出了详细说明。

由表 6 - 5 复垦和地票交易流程设计可知，地票交易部分主要经过以下四个步骤：

第一个环节：复垦。复垦环节要以重庆市规划和复垦整理规程为指导，完全尊重农民、农村集体经济组织的意愿，对土地利用总体规划确定的扩展边界以外的农村建设用地实行复垦。

第二个环节：验收。该环节由土地管理相关部门与农业、水利等部门，共同对第一环节复垦所产生的耕地进行把关，并分质量和数量两个层面进行。在留足农村发展空间的基础上，将腾出的建设用地指标进行确认，以此作为地票的主要来源。

第三个环节：交易。经过相关部门验收合格后，地票正式进入农村土地交易所进行公开交易。只要具有独立民事行为能力的自然人、法人或者其他组织均有权购买，交易成功给予购得者地票证书。

第四个环节：使用。地票制度最终还是要归结到建设用地指标的使用上，地票购得者通过选取符合城乡总体规划的待开发土地，凭借持有的地票证书即可申请转用手续，国土资源部门也将按照相关规定供应土地。

重庆市自实行地票交易制度以来，交易场数及成交面积不断增加。截至 2013 年 11 月，重庆市已累计完成"地票"交易 11 . 84 万亩，成交价格为 237 . 5 亿元，均价为 20.06 万元/亩。①

表 6 - 6 为 2008—2013 年所有交易场数、宗数及成交面积与金额的相关情况。表 6 - 6 显示，2011 年，重庆市土地交易金额为近年来的最高值，而 2010 年交易场数和交易宗数均达到最高，近三年来，重庆市地票交易成交亩数及成交金额呈现下降趋势。

---

① 《经济参考报》2013 年 11 月 22 日。

表6-5 复垦和地票交易流程设计

环节	主要步骤	主要工作要求	责任主体	监管主体	所需时间(天)	小计
申报	(1) 政策解释	1. 引导阅读复垦及地票交易须知，解释政策 2. 农户（或其他申请人）签署"已阅读《须知》"的意见	村社干部	乡镇		—
	(2) 申请	1. 申请人填写申请表信息（制式文书1-1、制式文书1-2）：权证权利人姓名、身份证号码、常住地址、联系电话、家庭成员及关系、搬迁后去向、合法权属信息 2. 提供委托相关材料：委托双方身份证原件、复印件，委托书（制式文书2） 3. 提供房地产权证	申请人	村社干部	1	
	(3) 村社审查	1. 集体经济组织（所有权人）签署同意复垦意见	集体经济组织	乡镇	15	
		2. 村社审查申请人填报信息的真实、准确性，即申请人及家庭成员身份信息准确、地块现状真实、权属真实、搬迁后去向属实等	村社干部	乡镇	同步	
	(4) 乡镇审查及公告	1. 乡镇审查权利人信息；乡镇审查村社签署意见是否规范、真实 2. 30户可向区县中心申报；达到50户必须申报 3. 对已上报的农户及时公告	乡镇	区县局	按实际	
	(5) 区县局接件	区县局审查权证、是否符合规划及其他申报材料，符合要求的出具接件意见，不符合要求的进行说明	区县局	市局	5	

续表

环节	主要步骤	主要工作要求	责任主体	监管主体	所需时间（天）	小计
复垦	（6）测绘、指界（注：设计单位可一并到场，绘制设计草图现场征求农户意见，农户签署意见，意见签署可直接作为后续资料）	区县中心： 1. 委托测绘机构 2. 测绘单位结合二调排查 3. 组织乡镇、村社、测绘单位、农户现场指界、测绘，权利人签署指界意见 4. 到场人员确认签字，留取影像资料，形成到场记录（制式文书3）	区县中心	区县局	20	159
	（7）入库测绘成果审查、修改	1. 市中心委托测绘审查机构审查	测绘审查机构	市中心	22	
		2. 区县中心组织修改	区县中心			
	（8）公示、签订复垦协议	1. 测绘成果公示（制式文书4）	区县中心	区县局	8	
		2. 无异议后，乡镇与农户签订复垦协议（制式文书5）	乡镇和区县局	区县政府		
	（9）编制实施方案	区县组织实施方案编制（含工程设计及设计方案经农户确认）及审批	区县中心	区县局	12	
	（10）入库备案	市局审查，下达入库备案通知书。建新拆旧应同时审批下达建新预留指标	市局	市局	7	
	（11）项目实施（注：时长与复垦施工条件有关）	区县组织施工单位施工或交乡镇组织施工	施工单位（或乡镇）	乡镇、区县中心	90	
验收	（12）验收申请、竣工测绘（同步）	1. 提交验收申请（准备竣工验收资料、变更资料）	施工单位	区县局	20	85
		2. 测绘单位场测绘复垦面积及完成工程情况	区县中心	区县局		
	（13）竣工测绘成果审查及修改	1. 市中心委托测绘审查机构审查	测绘审查机构	市中心	15	
		2. 区县中心组织修改	区县中心			

环节	主要步骤	主要工作要求	责任主体	监管主体	所需时间（天）	小计
	（14）区县验收，核发合格证	1. 区县对复垦片块100%现场验收，准备竣工资料	区县局	市中心	40	
		2. 验收成果公示，公示结果作为价款拨付依据				
		3. 发放验收合格证及报备	区县局	市局、市中心		
	（15）市局委托中心组审查复核，并监督检查	1. 抽查：随机抽查5%—10%	市局、市中心	市局	10	
		2. 抽查合格后配给验收合格证备案号				
		3. 涉及建新拆旧已以预留指标需归还的，进行指标注销				
地票交易	（16）受理申请	1. 区县提交交易申请、拨款基础信息表、验收合格证	区县局	市局	1	48
		2. 土交所对申请资料进行审查	土交所			
	农户信息预审核（与组织交易、价款结算同步）	1. 区县局向当地农商行支行报送农户和集体账户资料	区县局	市局	同步	
		2. 区县农商支行预审农户身份信息和集体账户信息	区县农商行	土交所核实	同步	
		3. 银行出具农户身份预审结果，告知渝中支行、当地国土部门和土交所				
	（17）组织交易	1. 土交所拟定《地票交易方案》	土交所	市局	5	
		2. 交易方案会审			3	
		3. 发布交易公告、接受竞买单位报名			5	
		4. 组织交易活动			1	
		5. 土交所与竞得人签订成《交确认书》			同步	
		6. 竞得人支付地票价款			30	
	（18）价款结算	1. 结算成交均价			3	
		2. 向区县国土部门核发成《交通知书》				

续表

环节	主要步骤	主要工作要求	责任主体	监管主体	所需时间（天）	小计
价款直拨	（19）价款核算	1. 土交所核算直拨价款（与《结算成交价及核发通知书》同步）	土交所	市局	同步	15
		2. 报签（土交所、整治中心会签、局领导审定）			2	
		3. 直拨价款公示（制式文书7）及区县反馈意见。如有面积分摊问题返回14环节处理			6	
	（20）划款	1. 信息审核、农商行开具存单（与价款核算同步）	银行	土交所核实		
		2. 土交所向受托银行渝中支行拨款	土交所	市局	1	
		3. 受托银行向区县支行划款			1	
		4. 区县支行向分理处划款			2	
		5. 分理处将地票价款注入农户存单和集体经济组织账户	银行	土交所实	2	
		6. 银行分理处现场公告			1	
合计	—	—	—	—	307	307

资料来源：重庆市国土资源和房屋管理局。

表6－6　　　　2008—2013年重庆市地票交易情况

年份	交易场数（场）	交易宗数（宗）	成交面积（万亩）	成交金额（亿元）
2008	1	2	0.11	0.9
2009	7	52	1.24	11.99
2010	11	86	2.22	33.3
2011	6	80	5.29	129.18
2012	3	40	2.23	46.65
2013	5	66	2.05	45.24

资料来源：历年《重庆市国土资源和房屋管理公报》。

经过多年探索，重庆市地票交易市场已经初步形成了"自愿复垦、公开交易、收益归农、价款直拨、依规使用"的地票制度体系。而重庆市地票交易制度正逐渐成熟，扩充了城市房地产开发的土地供给，也在一定程度上对调控重庆市房地产价格发挥了积极作用；同时，地票制度的实施可以释放房地产企业自主选地的空间，在很大程度上带动了城镇化建设。

（三）地票交易的积极影响

1. 盘活农村闲置土地，提高土地利用效率

由于土地是稀缺资源，房地产商对于土地的争夺更为激烈。而作为更为稀缺性的耕地，历来受到党和政府的高度关注，对其保护力度也不断加强，耕地关系中国经济的持续健康发展，关系可持续发展全局。2006年3月14日，十届全国人大四次会议通过的《国民经济和社会发展第十一个五年规划纲要》提出，18亿亩耕地是一个具有法律效力的约束性指标，是不可逾越的一道红线。由此，"18亿亩耕地红线"成为关系中国工业化、城市化和农业现代化的关键因素。然而近年来破坏耕地的行为屡见不鲜，造成了中国耕地流失严重。重庆作为典型的山城，地势地貌属于山多地少，土地资源尤为稀缺，而能够得到有效利用的土地面积更少。地票交易制度的开展，使得农村闲置土地得以复垦，同时也形成了建设用地指标，不仅使得复垦土地再耕种，而且也增加了城镇建设用地的指标，可谓一举两得的选择。但是，由于农村地区生产力相对落后，科技转换能力较低，造成土地利用效率不高，而地票交易实现了建设用地指标的转换，提高了土地最终利用效率。

2. 增加农民收入，推进城镇化建设

地票交易源于农村闲置土地，最终价款也将归农民及集体所有，重庆市国土资源和房屋管理局《关于规范地票价款使用促进农村集体建设用地复垦的指导意见（试行）》规定，地票价款扣除复垦项目工程成本和融资成本后，85%支付给退出宅基地的农户，15%支付给该农村集体经济组织；同时，市国土房管局明确要求不得将地票价款作为财政资金使用，禁止挪用、截留和延期支付，从而，地票交易真正实现了"取之于民，用之于民"。将闲置土地进行重新复垦，农民利用补偿金可进入城市，既提高了生活质量，又推进了城镇化建设。为打造"宜居重庆"目标，重庆市力争在2015年常住人口城镇化率达到60%，而截至2013年年末，重庆

市城镇化率已经达到 58.34%①，这表明地票制度的良性运行，在一定程度上释放了更多的农民，加快了城镇化建设步伐。

3. 加快政府职能转变，发挥市场决定性作用

《中共中央关于全面深化改革若干重大问题的决定》明确指出，经济体制改革是全面深化改革的重点，其核心问题是要处理好政府和市场的关系，使市场在资源配置中起决定性作用。重庆市地票制度的本质在于让市场决定地票价格，并且依据农民自愿原则，所得地票价款归土地财产权利人。政府在地票交易过程中，仅仅扮演监管及服务的角色。该制度正是发挥市场决定性作用的有力证明，其加快了向服务型政府的转变，增强了服务人民的责任感，提高了人民生活水平。伴随新一轮改革的进行，地票交易的开展，在理顺政府与市场之间关系的同时，必将释放出更多改革红利。

4. 统筹城乡协调发展，实现城市支持农村

2013 年，重庆全市城镇居民家庭人均可支配收入 25216 元，而农村居民家庭人均纯收入 8332 元②，城镇居民家庭是农村居民家庭人均收入的 3 倍以上。地票制度通过"建设用地指标"转化，将城乡土地要素联系到一起，缓解了城市建设用地紧张局面，带动了城乡之间的土地流转，由于将农村闲置土地在土地交易所进行招拍挂方式拍卖，大幅度提高了土地价值，实现了土地级差地租的增值，有助于改善农业基础薄弱、经济发展落后的困境，实现城市对农村的反哺，逐步形成城乡经济社会发展一体化新格局。

综上所述，地票交易制度是重庆市面临新挑战、新机遇的形势下，在土地流转领域进行的有效探索。地票制度的产生，保障了农民合法权益、提高了土地利用效率、充实了中国现有土地流转模式。尽管地票制度在实施过程中也存在需要继续探讨的问题，但是，先行先试的创新以及由此产生的积极影响，必将推动重庆市社会安定团结、经济持续健康发展。鉴于此，重庆市地票交易制度具有在全国范围内可复制、可推广的价值。

（四）重庆市地票制度创新的可复制、可推广典型做法和经验

作为中国经济社会制度中的一项基本制度，农村土地制度改革备受关

---

① 人民网—重庆视窗，2014 年 1 月 22 日。

② 同上。

注，全国各地涌现出一批典型做法，如成都市的"拆院并院"、天津市的"宅基地换房"、浙江省嘉兴市的"两分两换"等，均根据各地实际情况采取具体措施，各具特色，重庆市则以"地票交易"成为最具亮点的制度，走在全国前列。

成都的"拆院并院"，是指依据土地总体规划，通过对农村建设用地的建新拆旧和土地复垦，使土地利用布局合理。其中，重视确权成为成都模式的关键，宅基地使用权要流转合法有效，就必须清晰产权权属、明确权力边界。天津的"宅基地换房"，是指在国家现行政策框架内，坚持承包责任制不变、可耕种土地不减、尊重农民自愿的相关原则，高水平规划、设计和建设有特色的适于产业集聚和生态宜居的新型小城镇。农民以宅基地为根本，按照相关标准，置换小城镇中的住宅，并迁入小城镇居住；对于原有的宅基地，由政府统一组织复耕，实现耕地的占补平衡，并保证耕地总量不减和质量不降。通过这种探索，天津市走出了一条以"宅基地换房"示范小城镇建设为龙头，农民居住社区、示范工业园区、农业产业园区建设"三区联动"的适合城市周边的城镇化新路子。浙江省嘉兴市的"两分两换"，是指将宅基地与承包地分开，搬迁与土地流转分开；在依法、自愿基础上，以宅基地置换城镇房产、以土地承包经营权置换社会保障；以宅基地换钱、换房、换地方，推进集中居住，转换生活方式的一种形式。该模式重视了农民的主体性，有助于提高土地综合利用效率。

相比以上三种模式，重庆市为突破城乡二元体制，统筹城乡发展，创新性开展了以"地票交易"为主的土地流转，该制度可推广的价值在于：

（1）重庆市提出的"地票交易"制度，将现有模式的"先征后补"转变为"先补后占"，两种形式的转化，通过将农村闲散土地进行置换，实现了农村土地与城镇建设用地指标之间的供求变化，建立起城乡统一的土地要素市场，增加了农村土地的价值，就此打破了城乡界限，实现了价值增值。

（2）地票的产生，使得地票持有人可以此为未来担保，具有一定的融资功能。持票人可向金融机构申请贷款，"地票"通过土地交易中心进行交易，也为农村金融提供了新模式。

（3）利用户籍制度改革推进"指标"交易，鼓励和引导户籍转性的农民通过土地指标交易进入城市生活、居住及就业，而有能力且有意愿落户的农民转移为市民，在一定程度上推进了重庆市整体城镇化进程。

（4）赋予农户对交易指标的独立交易权，并且在交易过程中，土地所有者可以依据土地交易价格行使优先回购权。

（5）通过构建土地交易平台，将内容实时更新，实现了网上查询、受让、转出等一系列程序，提高了工作效率，而其公开透明的交易记录，也为市场的公平竞争提供了重要支撑。

（6）在土地流转收益中，明确界定收益按85%与15%的分配权重，保障了农户和集体的权利，真正实现了土地流转收益最大化。

二　完善重庆市地票制度的对策与建议

尽管重庆市地票制度在实践及理论上实现了突破，但也存在有待改善之处：

（一）严格审查复垦耕地质量

重庆市地票交易制度最先开始的环节是复垦，而复垦质量的评估显得尤为重要。作为地票制度的核心，只有严格界定复垦土地的质量，才能有效保证原有土地的利用效率，而不是简单的复垦数量的增加。但是，地方政府更多重视置换建设用地指标，而忽视了复垦耕地质量，这就导致耕地质量下降、出现"占优补劣"等问题，也违背了政府制定的"耕地面积不减少、质量不降低"政策。因此，复垦土地应着重规范复垦环节及验收环节，既要保证数量，更应严抓复垦耕地质量；同时，政府可建立土地当量制度，提供统一的综合化评估土地粮食生产能力标准，以保障粮食产量及安全，真正保证复垦土地农民的合法权利不受侵害。

（二）研究搭建地票交易二级市场

重庆市在制定每年的地票交易总量时，要求总体规模必须控制在国家下达建设用地计划的10%左右，这样做的目的在于稳定地票交易价格，使地票交易价格不至于过度上涨。但是由于缺乏二级市场，导致地票交易只能就地一级市场拍卖，地票交易的刺激作用也就不能达到预期效果。由于重庆市政府赋予了地票融资功能，可以作为质押标的。因此，在现有土地交易平台基础上，可以考虑开放二级市场，发挥其对一级市场交易的推动力，这就需要在二级市场构建过程中，充分把握地票供应量这一核心问题，正确处理与建设用地市场之间的关系。对于二级市场的开发，政府要找准时机，考虑交易标的物的特殊性，开放二级市场应逐步推进。等时机成熟，在综合考虑多方因素基础上，辅之相关制度保障共同完成。

（三）依法有效保护农民合法权益

伴随中央反腐力度持续加强，在地票交易过程中，应防止地方政府违背农民意愿，造成"被上楼"困境，各级政府在地票交易产生及交易过程中，应始终秉承为民服务的意识，坚持以人为本的纲领不动摇，积极转变政府工作作风，从而更好地将党的群众路线教育活动落到实处。《重庆农村土地交易所管理暂行办法》明确指出，农村土地申请复垦的条件是必须出具集体土地所有证或其他权属证明，以及拥有该土地的农村集体经济组织 2/3 以上成员或者 2/3 以上成员代表同意交易的书面材料。也就是说，在地票产生过程中，必须完全尊重农民意愿，不能强制性使农民被迫离开自己的土地；而对于地票产生的收益，也必须用于明确划定复垦项目工程成本、土地使用权补偿费、用途转化补偿费及农户购房补助等相关信息，切实保障农民应得利益；在此基础上，健全监督机制以保障地票收益中的 15% 真正落到实处，解决当地基础设施建设。

（四）建立健全地票制度法律规范

重庆市针对地票交易制度，已经先后颁布实施了《重庆市土地管理规定》、《重庆农村土地交易所管理暂行办法》及《优化农村建设用地复垦及地票交易流程方案》等诸多法律文件，为地票交易的顺利开展提供了保障。但"地票"的法律属性及其赋予的权利义务界限是否清晰，将关系到地票制度的价值是否可实现。因此，厘定"地票"交易的法律关系显得格外重要，这就要加大在地票形成环节、交易环节及补偿环节等入手，切实保障地票交易的合法性及农民利益的有效性，明确重庆市关于地票制度相关法律规范。

2014 年"中央一号文件"提出，完善农村宅基地管理制度，在保障农户宅基地物权前提下，慎重稳妥推进农民住房财产权抵押、担保、转让，盘活农村宅基地财富。重庆市借助地票交易制度，有效利用了闲散宅基地，使得农村土地财富得到释放。可以预见的是，中国将在未来，对农村土地进行更为深层次的改革。而地票交易的出现，突破了现有土地流转制度，创新了宅基地管理模式，其成功运行为各地政府进行土地制度改革、推动城乡一体化建设提供了参考。

作为可复制、可推广的重庆市地票交易制度，全国各地可依托各自土地制度改革现状，完善城乡建设用地增减挂钩指标形式，实现跨区域土地流转，为推动本地区城乡协调发展提供重要支撑。当然，制度的推广也不是一蹴而就的，各地政府应因地制宜，积极探索适合本地发展的农村土地制度改革措施，推动社会主义新农村建设和新型城镇化建设。

第四节　土地供给——增加土地供给储备量

城市土地是国家的重要资产，国家通过土地产权垄断先将财富集中起来，然后通过政府公共支出形式，用于基础设施建设，以保障国民经济和社会发展。

一　土地政策对房地产影响分析

（一）土地政策对房地产市场的影响

土地政策对房地产市场最为直接的影响就是对房地产价格的影响，作为房地产价格的成本之一，土地价格无疑成为房地产价格的重要组成部分，土地价格的增加会导致房地产开发企业的成本增加，由此可能使得房地产商的供应量减少，从而最终影响房价。与金融、财政、税收等政策不同，土地政策的变化将影响房地产市场的总供给，但是并不会对其需求产生变化，这也就在一定程度上造成了供需不均衡状态。

（二）土地供应量对房地产价格的影响

由于土地供给量的增加，必然催生一批房地产商为争夺新供给的土地而进行房地产的开发。土地市场的供求必然也会发生变化，原有的市场均衡价格会随着土地供给量的增加而形成新的均衡价格，这也就使得房地产价格形成新的一轮转换；由于供给与价格之间呈正相关关系，因此，当房地产价格上升时，土地供应量也会随之上涨；反之，土地供给量增加会导致房地产价格的上升。

二　重庆市土地供给现状

（一）相关指示精神

2014 年，重庆市市长黄奇帆在谈到新型城镇化建设时，指出加强土地管理时要遵循五条原则：

（1）坚持深度规划后出让，开发地块尽量做到控制性详规、形态规划、专业规划全覆盖，这能使土地出让价格提高 30%，最多可达一倍以上。

（2）坚持生地变熟地后出让。由政府土地储备机构负责拆迁，土地整治好后再出让，不仅能保障依法拆迁、公平补偿，确保各方利益，还能大幅提高土地资产价值。

（3）坚持招拍挂出让。这是国家三令五申的要求，体现了公开、公平、公正原则，既能预防腐败，又可避免协议出让导致国有资产流失。

（4）坚持依法收回闲置土地。对久划不拆、久拆不完、久拆不建、久建不完的"四久"工程土地，必须依法收回，挽回不必要的经济损失。

（5）坚持土地储备制度。建立土地资源配置"一个渠道进水、一个池子蓄水、一个龙头放水"的良性机制，可以为经济社会发展提供有力的用地保障，也能防止公共资源增值收益流失。

具体到土地储备环节，也有五条原则：

（1）一步到位储备，细水长流使用。土地储备是有技巧的，必须在城市起飞阶段一次性完成，然后细水长流。重庆 2002 年一次性储备了主城 40 多万亩土地，之后 20 年内每年只开发 5%，即 2 万亩左右。

（2）储备权集中，储备收益各级政府共享。相对集中储备权，有利于土地整体开发利用，但土地储备不应改变公共财政收入分配比例，收益应在各级政府间合理分配。目前重庆市区两级分配比例为 50%：50%。

（3）储备地使用兼顾公益事业和商业开发，大体对半开。重庆已用的约 20 万亩储备地中，近 10 万亩用于公租房、大学城、铁路、机场等公共服务和公益事业，搞房地产开发的 9 万多亩，收益用于整个 20 万亩的征地动迁及基础设施建设。

（4）做好两个循环。第一个循环，即土地储备手续办完后，成为有价资产，通过银行抵押融资，搞征地动迁和"七通一平"，生地变熟地；第二个循环，是"七通一平"后，及时完善规划并分批招拍挂出让，回笼资金用于清偿贷款，抵扣一级开发的成本后，增值部分纳入财政预算，用于滚动开发或其他片区建设。两个循环正常滚动，不会诱发泡沫和债务危机。

（5）严格设置风险"隔离墙"，即做到"大对应、小对口"。大对应，就是做到土地收入与城建资金需求长期总体平衡；小对口，就是当期单个地块开发与重大基础设施项目时间对应、资金平衡，"一个萝卜一个坑"，确保微观平衡、风险可控，以免形成糊涂账。[1]

---

[1]　黄奇帆：《推进新型城镇化的思考与实践》，《学习时报》2014 年 5 月 26 日。

（二）土地供给状况

早在 2002 年，重庆市就已经建立起了土地整治储备中心，开始对土地市场进行宏观调控；2003 年，为加强土地市场管理、服务城市建设，重庆市成立了"重庆地产集团"，该集团建立在土地储备中心基础之上，由重庆市政府出资建立，是一个专业土地储备整治机构。成立以来，不断发挥"土地储备主渠道、土地市场调节器、城市建设生力军"的功能，对重庆市社会经济发展起到了积极的作用。

作为土地供给最为明显的例子，莫过于重庆市在公租房建设过程中所发挥的作用。重庆市公租房建设在土地供应方面最大的特色在于"舍得"土地，据不完全统计，重庆市在老厂搬迁、旧城改造、工业结构调整等过程中，已经储备了近 10 万亩的土地。该部分土地以主城区为主，不断向周边辐射，涵盖了不同的等级地段。为积极优化土地使用效率，重庆市政府于 2002 年 8 月颁布实施了《重庆市国有土地储备整治管理办法》，该办法根据《中华人民共和国土地管理法》和《中华人民共和国城市房地产管理法》等法律法规的相关要求，结合重庆市情况，对土地储备、土地整治以及资金出让收益管理等进行了详细阐述。

重庆市长期以来受资金缺乏的影响，基础设施建设不能得到迅速发展，由于每年政府出让土地较多，抑制了房地产价格的大幅上涨。加之，重庆市的特殊地理状况，山多地少，加剧了土地资源稀缺性。为协调重庆市经济社会建设过程中与耕地保护之间的矛盾，重庆市执行较为严格的土地供应政策，严格控制建设用地总量，保护耕地不受损害；以土地供应引导建设需求，合理有效利用土地；优先保证国家重点建设项目和基础设施项目用地；实行耕地占补平衡；对划入土地储备范围的土地实行储备制度，规定主城区 500 亩以上的土地供应必须报市政府批准后再出让；征用集体所有的土地或国有农用地转用，需依法办理征用、转用手续，并依法缴纳耕地开垦费、新增建设用地有偿使用费后方可纳入储备范围。此外重庆市注重规范区县土地储备和融资管理。要求每个区县只能建立一个土地储备公司，38 个区县形成 38 个土地储备中心。土地管理严格遵守先规划后出让，经营性用地必须实行"招拍挂"出让，多卖熟地、少供生地、不卖毛地，依法收回闲置土地等原则。①

为积极贯彻《国务院办公厅关于继续做好房地产市场调控工作的通知》（国办发［2013］17号）指示，重庆市于2013年颁布实施《重庆市人民政府办公厅关于继续做好房地产市场调控工作的通知》，明确要求加强普通住房用地供应管理。保持合理、稳定的住房用地供应规模，2013年全市住房用地供应总量不低于过去5年平均实际供应量，保障性住房、棚户区改造住房和中小套型普通商品住房用地比例达到住房用地年度供应总量70%以上，严格限制容积率小于1的低密度、大户型住宅项目开发建设。合理安排出让时间和选择出让区域，引导和调节楼面地价不超过当期房价的1/3。加大土地市场信息公开力度，市国土行政主管部门每年第一季度公布全市及主城区住房用地年度供应计划，主城区以外的其他各区县（自治县）公布当地的住房用地年度供应计划。国土房管部门要根据房地产市场情况，强化供后监管，促进土地及时有效利用。

由此可见，重庆市政府在土地供给方面实施了一系列严格的措施，保障了重庆市建设土地的储备及使用，促进了房地产市场的有序运行。

第五节 户籍制度改革——提速重庆城镇化建设

一 户籍制度改革的必要性

户籍制度改革是近年来的热点话题之一，其独特性在中国二元经济结构体制下显得尤为重要，如何准确把握并制定相关政策进行户籍制度调整，也受到历届党和政府的高度重视。李克强总理在2014年《政府工作报告》中明确指出，要有序推进农业转移人口市民化。推动户籍制度改革，实行不同规模城市差别化落户政策。并对长期在城镇务工经商的农民工及其家属、未落户的农业转移人口、进城务工人员随迁子女等相关群体的教育、职业技能和基本公共服务提出了明确要求。

所谓户籍制度，是指随着国家产生而形成的一种社会制度，其通过各级权力机构对所辖范围内的户口进行调查、登记、申报，并按一定原则进

---

① 周小旭：《重庆市住宅房地产影响因素分析及价格趋势预测研究》，硕士学位论文，重庆大学，2008年。

行立户、分类、划等和编制。它是征调赋役、落实行政管理、执行法律的主要依据。加快户籍制度改革，是党中央做出的重大决策，是进一步推进我国新型城镇化建设的重要举措。加快户籍制度改革，将有力推动和谐社会构建，实现亿万农业人口转移，推进以人为核心的城镇化，并促进社会公平正义、增进人民福祉。

中国户籍制度改革应伴随我国不同阶段的社会经济发展而改变，只有顺应时代发展，才能发挥户籍制度的推动力。现阶段，我国户籍管理制度造成了城乡之间教育、住房、医疗等多方面的不平等，制约了我国经济发展的协调性。2003 年以来，我国城镇化进入高速发展期，并具有起步晚、波动大、复苏慢、推进快等鲜明特点。① 而要加快城镇化建设，实现城镇化建设的预期效果，就必然会强化户籍制度改革。

党的十八届三中全会明确指出，加快户籍制度改革，全面放开建制镇和小城市落户限制，有序放开中等城市落户限制，合理确定大城市落户条件，严格控制特大城市人口规模。中央城镇化工作会议，也明确提出要推进以人为核心的城镇化，把促进有能力在城镇稳定就业和生活的常住人口有序实现市民化作为首要任务。这都为加快推进户籍制度改革明确了具体路径，成为未来户籍制度改革的重中之重。

因此，加快户籍制度改革，建立符合国情的户籍法，释放更多制度红利，既是经济发展的紧迫需要，也是和谐社会建设的必然选择。只有不断强化户籍制度改革，才能不断稳固经济发展基础，稳妥推进城镇化建设，缩小城乡差距，实现社会的全面发展和进步。

二　重庆市户籍制度改革现状

为缩小城乡差异、加快推进重庆市城市化进程，并为统筹城乡综合配套改革试验实现率先突破，2010 年 8 月 15 日开始，重庆市在全市范围内正式施行户籍制度改革。此次户籍制度改革，将实现两年 300 万、十年 1000 万的农民进城计划，成为中国户籍制度改革历史上规模最大、配套制度设计最为完善的一次实践探索。

此次户籍制度改革的总体目标分两个阶段推进：

第一阶段：2010—2011 年，重点推进有条件的农民工及新生代登记

---

① 《城乡一体化蓝皮书：中国城乡一体化发展报告（2011）》，社会科学文献出版社 2011 年版。

为城镇居民，解决户籍历史遗留问题，力争新增城镇居民 300 万人，非农户籍人口比重由目前的 29% 上升到 37%。

第二阶段：2012—2020 年，通过系统的制度设计，进一步放宽城镇入户条件，力争每年转移 80 万—90 万人，到 2020 年新增城镇居民 700 万人，非农户籍人口比重提升至 60%，主城区集聚城镇居民 1000 万人，区县城集聚城镇居民 600 万人，小城镇集聚城镇居民 300 万人。

此次改革将以解决有条件农民工及新生代转户进城为突破口，按照统筹规划、自愿有偿、积极稳妥、综合配套、促进发展的原则，全面推进户籍制度改革。除此之外，还对农民转户进城设计了"3 + 5"的政策体系即"3 年过渡、5 项纳入"，具体而言，"3 年过渡"，是指对农村居民转户后承包地、宅基地的处置，设定了 3 年过渡期，允许转户农民最长 3 年内继续保留宅基地、承包地的使用权及收益权；"5 项纳入"，是指农村居转化后，可享受城镇的就业、社保、住房、教育、医疗政策，实现转户进城后"五件衣服"一步到位，与城镇居民享有同等待遇，真正体现"劳有所得、老有所养、住有所居、学有所教、病有所医"。

2011 年年底，重庆市已经实现了"农转城"人数超 310 万人，全市户籍人口城镇化率提高 8.6 个百分点，达到 37.8%。①

同时，重庆市还放宽落户条件，规定购房、务工经商五年且具有合法稳定居所、投资兴办实业三年累计纳税 10 万元或一年纳税 5 万元以上的，可在主城九区落户；购房、务工经商三年以上或兴办实业三年纳税 5 年或一年纳税 2 万元以上的可在远郊 31 个区县城落户；其他乡镇农村居民本着自愿原则，可就近就地登记为城镇居民。对于转户居民，可享受城镇的就业、社保、住房、教育、医疗政策；可申请公租房、可参加征地农转非人员养老保险、可自愿选择参加城镇职工基本医疗保险或城乡居民合作医疗保险、子女可就近入学与原有城镇学生同等待遇、可免费享受技能与创业培训、困难家庭可按规定享受低保待遇。

由此可见，重庆市在户籍制度改革过程中实现了重大突破，由于采取了周密的实施方案以及综合配套改革措施，重庆市户籍制度改革必将有助于提升重庆市城镇化建设进程，实现农民工在城市的集中落户，提升生活质量，缓解"三农"问题带来的影响。

---

① 《重庆日报》2012 年 1 月 1 日。

第六节　投融资政策——"1+3"投融资模式

一　地方政策性投融资的必要性

所谓地方政策性投融资是由地方政府创立、参股或保证，根据中央和地方事权的划分，主要为贯彻地方政府经济社会发展政策或意图，在地区范围和特定的业务领域内，不以营利为主要目的的投融资活动。其以银行经营活动原理与方式实现地方政府政策目标，将职能定位于弥补商业性投融资空隙和市场机制缺陷，同时具有财政和金融的特征，兼备财政和金融的功能。在一定意义上讲，地方政策性投融资的执行代表地方政府对经济进行干预调节的过程。

建立地方政策性投融资体系，有助于增强地方政府对经济社会的调控能力。由于中国是社会主义国家，中央在整体掌控地区经济的同时，也不断下放有关权力以调动地方政府的积极性。建立此种投融资体系，能够完善地区宏观经济调控能力，增强地方对市场经济的理解与认识，从而进一步发挥市场机制的优势，弥补市场机制存在的缺陷。

二　重庆市公租房建设投融资政策

重庆市投融资政策主要应用于公租房建设，2010年，重庆市就已经在全国率先推开了以公租房为建设重点的保障性住房建设，并决定在未来3年内开工建设4000万平方米的公租房，用以解决近200万中低收入群体的住房问题。数据显示，2010年年底，重庆市公租房共新开工面积1300万平方米，占全市新开工面积的20.6%，完成开发投资金额53亿元。在重庆市主城区先后开工建设了南岸区茶园片区公租房、沙坪坝区微电园片区公租房、北碚区蔡家片区公租房、沙坪坝西永片区公租房、九龙坡区华岩片区公租房、北部新区竹林片区公租房和鸳鸯片区公租房等社区。2013年，重庆市主城区公租房竣工面积达到634.32万平方米，最大限度地满足了困难群众的住房需求。

所谓的"1+3"投融资模式，"1"是指财政投入300亿元，"3"是指700亿元融资通过银行贷款、保险公司融资和社保基金融资完成。具体而言，"1"即财政投入300亿元，这300亿元主要有三个来源：一是政府储备中的一部分；二是每年新发生的土地出让金的一部分；三是政府预算内的财政收入。主要包括中央补助的 100 亿元、从土地出让收益金中提取的 5%、地方政府债券的 50 亿元以及地方政府预算安排的 50 亿元；除去财政投入的 300 亿元，其余 700 亿元的缺口主要通过银行贷款、保险公司融资、社保基金融资等渠道进行筹集，黄奇帆市长曾指出这三个渠道的融资成本可以通过以下方式解决：第一，公租房要收取租金的，以一平方米 10 元租金为例，4000 万平方米一年就能收到 48 亿元，用这笔钱还银行的利息，这个现金流是能平衡的；第二，在建造 4000 万平方米公租房的同时，还要至少建造 300 万平方米的商业配套设施，政府在配套设施的买卖差价上可以收回 300 亿元，用来还本金；第三，4000 万平方米租给老百姓后的三五年里，总会有老百姓拿较低的价格把房子买下来，作为自己的产权房，这一部分预计能实现 400 亿元收入。这三个来源就可以平衡 700 亿元的本金和利息。在归还完本息后，政府还是有大部分房子出租的，公租房系统完全能够实现保值增值，不会出现坏账。[①]

由此可见，重庆市通过这一模式的成功运行，实现了公租房建设的自我造血功能，也在一定程度上减轻了地方政府的财政压力。在 2010 年的重庆市公租房建设过程中，实际使用资金达到 120 亿元，其中，中央下拨 27 亿元、市级补助 5 亿元、公积金贷款 30 亿元、银行融资 58 亿元。

第七节 信贷政策——未推出房产限购令

一 信贷政策对房地产市场的影响

信贷政策对房地产市场的影响，主要是通过开发商和购房消费者两个层面展开。无论对于房地产开发商，还是大部分购房消费者而言，在建筑房产及购买房产时，均需要向银行贷款。最为显著的是，2008 年美国遭遇了又一次的金融危机，并且此次危机波及全球大部分国家，导致了本轮经济的下滑，金融机构受到重创，由此带来了房地产价格的变动。2009 年，中国实行较为宽松的货币政策，极大地提升了房地产市场的开发，房产交易屡创新高，各地出现了一个又一个地王，也拉升了房地产价格的持

---

① 黄奇帆：《重庆保障房首尝"1+3"投融资模式》，《中国房地产报》2012 年 11 月 27 日。

续走高，这表明信贷政策对于房地产的推动作用是极大的。

中国房地产开发资金主要来源于国内银行贷款、自筹资金和其他资金三项。2013年，重庆市三项资金来源合计占本年到位资金比重的99%，一直是重庆房地产开发企业的主要资金来源，下半年均出现增速放缓态势，并导致全市资金来源总量增速放缓。其中，国内贷款1112.29亿元，增长54.3%，较上半年下降22.4个百分点；企业自筹资金1263.70亿元，增长6.8%，较上半年下降5.3个百分点；以定金、预售款和个人按揭款等回笼资金为主的其他资金2193.89亿元，增长12.6%，较上半年下降21.2个百分点。[①]

二　重庆市信贷政策实施情况

2010年4月，《国务院关于坚决遏制部分城市房价过快上涨的通知》出台，该通知被业界人士称为"新国十条"，此次通过的"新国十条"明确提出对于房价上涨过快、过高的地区可暂停发放第三套房及以上住房贷款，暂停向非当地工作的人群提供购房贷款，并授予地方政府权利可以在一定时期内限定购房套数。随后，40多个大中城市开始实施限购令。然而，重庆市至今未推出相关限购政策，其根本原因在于重庆市目前房价处于合理范围区间，重庆市商品房销售市场未出现"过热"迹象，市场稳定。

2013年3月，重庆市人民政府办公厅发布的《关于继续做好房地产市场调控工作的通知》指出，实行严格差别化住房信贷政策。银行业金融机构要进一步落实好对首套房贷款的首付款比例和贷款利率政策，严格执行第二套住房信贷政策，暂停发放居民家庭购买第三套及以上住房贷款。要强化借款人资格审查，严格按照规定调查家庭住房登记记录和借款人征信记录，不得向不符合信贷政策的借款人违规发放贷款。主城区新建商品住房价格出现上涨过快、上涨幅度超过房价控制目标时，可在国家统一信贷政策基础上，进一步提高第二套住房贷款的首付款比例和贷款利率。银行业金融机构要在符合信贷条件的前提下对中小套型住房套数达到项目开发建设总套数70%以上的普通商品住房建设项目优先支持开发贷款需求。

总之，重庆市针对不同住房需求，首套房首付三成，二套房首付六

---

① 《2013年重庆市国民经济和社会发展统计公报》。

成，三套及以上零按揭，实践证明是合理的。2014 年第一季度，全国 30
个大中城市商品房成交面积同比下降近 20%，实际上就是个人住房按揭
贷款发放出了问题。目前，住房按揭贷款利息 7%—9%，且都是 5—15
年的长周期贷款。而企业通过股份制银行表外融资成本为 8%—9%，这
些银行靠理财业务变相发放贷款，往往又将企业贷款利息抬高到 12%—
13%，还多是一两年的短期融资。银行的趋利行为导致信息资源错配，进
而造成个人住房贷款难。因此，引导银行资金合理配置，控制好首付按揭
比，是保持房地产市场健康发展的关键。

第八节　商品住房市场监管——保障房价稳定

一　商品住房市场监管的重要性

房地产市场是商品经济中较为重要的市场，其是否健康运行与其他产
业的发展有密切关系。众所周知，住房问题既是重要的民生问题，又是关
系经济健康发展、关系社会稳定和谐的经济问题和社会问题。加快健全保
障性住房制度，建设好、管理好保障性住房，是推动建设和谐社会的必然
选择。

而商品住房的监管又是一个需要全方位保障的过程，由于商品住房连
接了政府、市场与群众生活，因此要想实现商品住房市场的良性发展，就
必须动员社会各方力量共同参与房地产市场的监管过程，更好发挥市场的
作用。

二　重庆市商品住房市场监管措施

为保证重庆市房地产市场的基本稳定，重庆市集各方力量，共同参与
到商品房市场监管过程中，形成了全方位的监管体系，其中：

（一）重庆市政府将房地产投资严格控制在全社会固定资产投资的
25% 左右

这种做法可以从本质上调控房地产开发的整体进程，如果房地产投资
占固定资产总投资的比重过高，一方面，会带来房地产市场出现更多的泡
沫，市场难以消化现有产能；另一方面，也不利于协调其他基础设施建
设，在整体上破坏经济发展进程和质量；而比重过低，房地产开发的力度
不够，就会造成城市发展活力不足，不能满足市民合理的住房需求。据相

关推算，如果将房地产投资的占比控制在 25% 左右，就可以从源头上保持房地产供求大体平衡。

（二）强化商品住房市场监管

加强预售管理，对报价过高、涨幅过快的商品房项目，暂不核发预售许可证。2012 年，重庆市国土房管局发布《重庆市国土房管局关于加强商品住房预售方案管理的通知》指出，按照《重庆市城镇房地产交易管理条例》、《商品房销售明码标价规定》和《重庆市国土房管局关于加强商品住房项目降价销售行为进行监管的通知》的规定，增加和完善了商品住房的预售管理制度。要求严格执行商品房销售明码标价、一房一价的规定，采取暂停预售、降低开发资质、停止发放新开发项目贷款等惩处措施。国土房管、城乡建设部门和金融机构要强化对预售资金的管理。

与此同时，《重庆市人民政府办公厅关于继续做好房地产市场调控工作的通知》要求，加强房地产企业信用管理，建立国土房管、城乡建设、公安、物价、金融、税务、工商、统计等部门联动共享的信用管理系统，推进房地产企业诚信体系建设，及时查处和公布房地产企业以及房屋中介机构在开发和交易环节中的违法、违规行为，加强行业自律。加快全市个人住房信息系统建设。

三　做好市场监测分析和舆论引导

重庆市各区县（自治县）及市政府有关部门加强市场监测分析和舆情监测，及时主动发布权威信息，对涉及房地产市场的不实情况及时主动澄清；对制造、散布虚假消息的，追究有关单位和当事人责任。新闻媒体正面宣传和引导，为稳定市场预期和维护房地产市场平稳健康发展提供舆论支持。

第七章　重庆市房地产价格调控的
目标、机制和方法

第一节　重庆市房地产价格调控方向与目标

一　调控风险，促使房地产价格合理回归

近几年来，中国大部分城市的房地产价格可谓是出现了过山车似的上涨，尤其是部分一线城市更为明显。以北京为例，过去十年间，北京市部分地区的房价上涨了好几倍。2008 年奥运会时期，北京市商品房房屋销售均价在 10000 元/平方米左右，而 2013 年，北京市房屋均价达到了40000 元/平方米以上。房价的上涨给人们生活带来了极大负担，及时回调房地产价格，迫使房地产价格趋于理性回归，既是保证经济平稳运行的必要，也是提高人们生活幸福指数的举措。

随着经济发展，居民生活水平不断提升，然而，房地产价格上升却增加了生活负担，因此应将房地产价格控制在合理区间，并保持可容忍的价格上涨幅度。2013 年 8 月，重庆市商品房销量均价为 7586 元/平方米，比 7 月上涨 1.9%，且有继续上涨可能，若不能引导价格合理回归，将继续加大人民生活压力，导致房地产泡沫继续增加，扰乱正常市场秩序。

二　保障有效供给，促进房地产市场健康运行

保障房地产市场的有效供给，才能保证有房买、有房住，而提升消费者的购买能力，才能实现房地产市场的价值增值，只有二者达到均衡，才能促进房地产市场健康发展。

截至 2012 年年底，重庆市共建成公租房 1315 万平方米，惠及 58 万人，改造农村危旧房 38.5 万户，新建巴渝新居 25.1 万户。重庆市按照"市场归市场，保障归保障"的双轨制原则，将以廉租房和经济适用房

10%，公共租赁房20%，商品房70%的"1:2:7"的供给格局规划未来住房比例。① 但是，也不难看出，重庆市房地产在投融资过程中，存在融资渠道单一、信贷支持力度有待提升等问题。在今后发展中，重庆市应积极拓宽投融资渠道，引导民间力量有效进入，通过引入市场力量，发挥市场的资源配置作用，有效扩大供给，从而实现房源的有效利用，促进房地产业平稳运行。

三　加强调控监督机制，保证房地产市场有序发展

房地产业是国民经济发展的重要产业之一，对于国家整体经济运行具有重要作用。因此，加大政府调控指导，配合市场的资源协调，是今后房地产市场调控的主方向。党的十八届三中全会中也明确要求，要转变政府职能，处理好政府和市场的关系，使市场在资源配置中起决定性作用，更好发挥政府作用。

2011年，中央政府提出以稳定房价为标准的问责机制，是一项需要坚持不懈的长期机制。重庆市政府在对房价进行调控时，既要顺应广大人民的可接受能力，保障民生质量，接受群众监督；又要担负起政府应承担的责任，做到调控有目标，监督有问责，切实保证房地产市场调控有序进行。

四　调整住房配置，完善房地产市场调控体系

合理分配重庆房源，可以更好地调控房地产业。重庆市通过多年努力，已经形成了"低端有保障、中端有市场、高端有约束"的住房供应体系。

其中，保障性住房建设一直走在全国的前列。将公租房建设与经济适用房、危旧房、廉租房和棚户区改造安置房等结合起来，共同构成重庆市的保障新住房体系，可以更好地为重庆市低收入群体提供住房需求，改善民生环境；而对于中端市场，由市场提供商品性住房，成为带动重庆市相关产业发展的主力，也成为拉动房地产经济增长的重要力量，必须支持其购买商品房源，实现商品房有效利用，实现供需平衡，保障房地产商的合法利益；对于高端市场，通过征收房产税，并与销售环节的差别化税收信贷政策一起的做法，起到了一定的约束作用。

---

① 中国指数研究院西南分院。

第二节 完善重庆市房地产价格调控体系研究

一 地产市场价格形成机制

所谓价格形成机制，是指以市场配置资源为基础，以完善有效的政府宏观调控为手段，通过建立有利于产业结构优化、行业可持续发展的价格指数、完整的成本核算框架、完备的市场交易机制，引导生产、流通和消费价格的制定与调整的制度安排。房地产价格将同时关系到两类群体的利益，一类是以房地产开发商为代表的供给方，另一类是以消费者为代表的需求方，只有保持房地产的价格合理运行，才能达到双方利益最大化，如果仅仅满足一方的利益，势必造成对另一方的损害，市场运行将受到影响。

完善房地产市场的价格形成机制，稳定房价，最根本的是要正确认识房价快速上涨的原因，仅仅局限于表象是不够的，只有深化对房地产市场的供求关系认识，才能从根本上解决高房价给人民带来的生活压力。

二 房地产市场的价格宏观调控机制

房地产市场的价格宏观调控机制，就是要依靠政府提供的各项调控措施，在财政、金融、投资、住房保障等配套制度的规制下，实现对房地产市场的有效调配。同时，依靠以经济手段、法律手段和行政手段为主的三种形式相协调，发挥政府的宏观调控政策，使之成为一种规范。实行政府调控引导下的市场调节价格，规范商品房价格行为，一般商品房价格实行核定基准价格，放开销售价格，对市场销售价格超过基准价格差价，由政府按照不同比例进行调控，收取一定的比例费用。[①]

同时，政府实施宏观调控机制，还应注意地区之间的差异化。由于受到历史、社会、地理等因素影响，中国东部、中部、西部地区发展程度不同，房地产业也面临着不同的发展态势，因此，重庆市应在国家制定的相关宏观调控措施下，制定出适宜本地区的房地产调控措施，以期更有针对性。

三 货币政策工具调控房地产价格的传导机制

货币政策是中国调控房地产市场的重要手段之一，而货币政策传导机

① 中国指数研究院西南分院。

制也是实现货币政策的中介。中国的货币政策以直接调控为主，即采取信贷规模、现金计划等工具。现阶段中国的货币政策工具主要有公开市场操作、存款准备金、再贷款与再贴现、利率政策、汇率政策和窗口指导等。

货币政策的传导机制要求在房地产价格调控过程中，必须合理运用相关货币政策工具，正确引导消费者的投资行为，以及生产者的投资行为。目前而言，中国房地产市场中，调控货币供应量的增长速度，严格控制对市场中投机性消费的信贷比例是主要的调控措施；而适当增加房地产开发的信贷规模，也可以在一定程度上有效补充供给。

另外，应该制定更为市场化的利率政策，充分发挥市场作用，通过利率变化，进而调整房地产市场的供给量与需求量，间接调控房地产价格，进一步规范投资者、消费者在房地产市场中的行为。

四　调控房价的价格引导机制

价格机制是市场机制中最敏感、最有效的调节机制，价格的变动对整个社会经济活动有十分重要的影响。商品价格的变动，会引起商品供求关系的变化，而供求关系的变化，反过来会引起价格的变动。

国家在价格引导机制管理过程中，应坚决抑制、打击投机性房地产投资行为，以免扰乱正常的市场秩序，导致商品房销售价格的抬升。严格审查限购区域、限购住房类型等相关资格，实行差别化的住房信贷政策，在重庆市和上海市推行房产税的基础上，适时推进房地产税的征收，并有序推进各省份的相继开展。

五　房地产价格调控的法律机制

党的十八届四中全会提出，全面推进依法治国，总的目标是建设中国特色社会主义法治体系，建设社会主义法治国家。

确保有法可依是进行房地产调控的有效保障，加快更完善的房地产相关法律是当务之急，做到严格依法办事，加快对《住宅法》的立法进程[①]；同时，建立健全相关保障性住房的法律规范；健全相应的利率、贷款审批等一系列法律法规政策，更好地对调控房价做出贡献。

六　房地产价格调控的长效机制

建立房地产价格调控的长效机制，就是要求重庆市根据国内外局势变

---

① 余蓉蓉、姚义俊：《完善宏观调控法律机制对我国房地产市场发展的意义》，《中国商贸》2009 年第 11 期。

化，以及中央政府对房地产价格调控的相关政策，做出及时调整，以满足本地区对于房地产健康发展的需求。

　　房地产价格调控政策是一个长期过程，伴随着社会经济形势的不断变化，价格调控也会随之发生改变，这就要求审时度势，依据所处经济大环境，采取正确合理的房价调控措施，在保障民生的同时，实现经济效益的增长。特别是要继续坚持重庆房地产调控中已经实行的"组合拳"方式，加大监管力度，稳定市场秩序，抵制房地产泡沫，保证经济平稳发展。

第八章 结论

第一节 研究结论

本书以重庆市房地产价格调控机制研究为主线，梳理了重庆市房地产市场的现状以及未来发展趋势，力求通过全面分析影响重庆市房地产价格调控的因素及状况，总结归纳出具有可复制、可推广的重庆市房地产模式，为全国房地产价格调控机制的研究提供解决思路，保障中国社会经济健康进行。

本书认为，重庆市作为中国最年轻的直辖市，并且作为西南地区最重要的社会、经济、交通、文化枢纽，其房地产价格处于可控且合理的价格区间。对重庆市民而言，购房的压力比其他直辖市要小很多，比武汉市、成都市、西安市的购房压力也小。因此，重庆市的房地产价格调控机制研究成果是有必要进行总结的，具有推广价值。

本书认为，2013 年，在国家经济保持"稳中求进"的总基调下，重庆市房地产市场整体运行较为平稳。无论从国内生产总值水平、消费者物价指数、累计房地产开发投资等角度，重庆市房地产市场与全国保持相对一致状态，且处于良性发展区间。总体而言，2013 年，重庆市房价处于7000—8000 元/平方米的价格区间，主城区房屋均价为 7586 元/平方米，而地铁沿线和学区房价格略高于房屋均价，但较之北上广深一线城市的同类别增幅较低，重庆市房价总体保持平稳，未出现较大波动。

2014 年，全国成交量同比下滑，但降幅趋稳；而重庆市房地产市场整体表现出供大于求、量价齐跌局面，房企拿地更为谨慎，底价成交成为主旋律。2014 年 1—11 月新开工面积、竣工面积和销售额数据显示，呈同比下降趋势，而从房地产展示交易会的成交记录来看，2014 年春、秋两季房产交易较 2012 年、2013 年均有所下滑。

本书归纳总结出值得推广的重庆房地产价格调控成功经验："重庆房产新名片——保障性住房建设、先行先试探路者——房产税、全国范围破冰之举——地票交易、增加土地供给储备量——土地供给制度、提速城镇化建设——户籍制度改革、"1 + 3"投融资模式——投融资政策、未推出房产限购令——信贷政策及保障房价稳定—商品市场监管"，而最突出的是保障性住房建设和地票交易制度。

重庆市委、市政府历来高度重视保障房建设，在全国率先推动公租房建设，并将其列为"民生工程之首"。公租房建设已经初具规模，逐步成为全国房地产市场的新名片。目前，重庆市已经形成了由廉租房、经济适用房、危旧房改造、城中村改造、农民工公寓、公租房组成的"5 + 1"保障性住房供给模式；构建了市场供给与政府保障并举的"双轨制"住房体系，即中等偏下收入群体由保障性住房提供，而中高收入群体提供商品住房；同时，重庆市通过开通公租房申请网上申报平台，提高政府职能部门的工作效率。

地票交易制度是通过建立城乡统一的土地要素市场，注重建设用地指标的合理运用，在农村土地流转模式中实现了新突破，为中国土地制度改革和创新提供了经验借鉴。其解决了农村土地使用权流转、统筹城乡发展及调控房地产价格等问题，为盘活农村闲置土地、提高土地利用效率发挥了积极的推动作用，将农村闲置用地通过复垦形成城镇建设用地指标，然后进入土地交易中心进行拍卖，成功实现土地流转，使土地集约化、利用高效化，对于探索建立城乡统一的建设用地市场、解决中国农村宅基地空置率低等问题具有现实意义和推广价值。

本书根据重庆市房地产价格调控在价格形成机制、宏观调控机制、货币政策工具、政府价格引导机制和法律机制的做法，认为可采取理顺各部门关系，规范稳定各自职能、完善住房保障体制、土地供应制度、扩充多方位的投资渠道、利用金融体制改革，合理调控房地产价格和加强市场监管，建立房地产价格预警系统等环节进行调控。

第二节 未来展望

房地产产业作为国民经济的基础性和先导性产业，其健康运行对国家及地区社会经济的发展与稳定将产生重要影响。为发挥重庆市作为长江上游经济地区中心对区域的集聚辐射服务功能，将重庆市打造成为该地区金融、商贸物流及科教文化信息中心的目标，加大对重庆市房地产价格的调控机制研究，能够更好地服务于未来经济发展目标，具有紧迫性与现实性。

党的几次重大会议均对房地产市场进行了直接或者间接的论述，表明新一届领导集体对房地产市场的关切。本届政府更多的是将房地产产业交还市场，让市场在资源配置过程中起决定性作用。特别是党的十八届三中全会通过的《关于全面深化改革若干重大问题的决定》多处提到与房地产调控有关的条文。

第三条指出："经济体制改革是全面深化改革的重点，核心问题是处理好政府和市场的关系，使市场在资源配置中起决定性作用和更好发挥政府作用。市场决定资源配置是市场经济的一般规律，健全社会主义市场经济体制必须遵循这条规律，着力解决市场体系不完善、政府干预过多和监管不到位问题。"具体到房地产行业而言，放开市场，由市场决定房地产价格走势，将有效地发挥市场的调节作用。

第十一条指出："建立城乡统一的建设用地市场，在符合规划和用途管制前提下，允许农村集体经营性建设用地出让、租赁、入股，实行与国有土地同等入市、同权同价。缩小征地范围，规范征地程序，完善对被征地农民合理、规范、多元保障机制。建立兼顾国家、集体、个人的土地增值收益分配机制。"可见，由此带来的新一轮土地改革也将对房地产市场的供给产生影响，也会不断完善房地产价格调控机制。

第十八条指出："完善税收制度，加快房地产税立法并适时推进改革。"2011年1月28日，重庆市就已经开始试点房产税，重庆征收对象是独栋别墅高档公寓，以及无工作户口无投资人员所购二套房，税率为0.5%—1.2%。对房地产税的征收效果进一步做出分析，将对调控房地产价格起到重要的作用。

　　以上政策均表明，无论是税收、金融，还是土地等政策都将对未来房地产业的发展起到重要作用。面对经济发展进入"新常态"，房地产市场会面临很多不确定性因素，也会带来很多挑战。在新常态下，房地产市场发生了细微调整，限购松绑、调整公积金使用门槛、调整购房及契税补贴以及财政、金融等一系列政策，相继推出《关于进一步做好住房金融服务工作的通知》、《关于发展住房公积金个人住房贷款业务的通知》等一系列法规条文，这都表明房地产市场将面临更多转型。但是，不可否认的是，新常态下的中国房地产业一定会逐渐趋于理性和成熟，消费者的购房意识也将逐渐回归理性，整个房地产市场必将处于更加合理的发展区间。

　　在此背景下，继续研究国家宏观政策范围指导下的重庆房地产价格调控机制，形成新的判断、新的理论和新的机制，无论对百姓安居乐业，还是国家社会和谐，都具有重要的现实意义，而房地产业如何主动应对经济"新常态"，实现平稳健康发展也是今后需要着重关注的话题。

附　录

重庆国土资源可持续发展与
创新研究会简报

中国社会科学院数量经济与技术经济研究所课题组来研究会调研交流①

　　2014 年 10 月 23 日，重庆国土资源可持续发展与创新研究会副理事长单位——中国社会科学院数量经济与技术经济研究所齐建国带领课题组到重庆，就承担的《重庆市房地产价格调控机制研究》项目进行了调研交流。重庆市国土房管局张定宇局长、孙力理事长、李大华秘书长及重庆国土房管局相关负责人和有关研究会同志参加了此次座谈交流。

　　座谈会上，中国社会科学院数量经济与技术经济研究所课题组介绍了课题进展情况及研究思路，并提出了研究中存在的问题和下一步建议。课题组介绍，当前课题研究工作已经基本完成，下一步需要通过更加深入的

---

① 重庆国土资源可持续发展与创新研究会供稿。

调研论证进一步完善相关行业数据，确保行业数据的准确性、及时性、代表性。听完汇报后，张定宇局长介绍了重庆市房地产行业发展情况及地方政府相关举措，并就课题研究的下一步思路提出了较好的建议。

座谈会上，课题组与参会人员就课题思路和具体数据及观点进行了深入研究讨论，并就课题研究成果发布、论文发表等进行了交流，大家一致认为，会后课题组要进一步完善相关数据，丰富研究思路，并尽快形成课题论文、成果报告，同时报送研究会共同商议后对外发表、发布，做好对外宣传工作，以便提升研究会影响力和知名度。（2014 年 10 月 27 日）

国务院关于推进重庆市统筹城乡改革和
发展的若干意见（国发〔2009〕3号）

各省、自治区、直辖市人民政府，国务院各部委、各直属机构：

重庆市是中西部地区唯一的直辖市，是全国统筹城乡综合配套改革试验区，在促进区域协调发展和推进改革开放大局中具有重要的战略地位。设立直辖市以来，重庆市坚决贯彻中央的决策部署，努力实施西部大开发战略，经济社会发展取得重要成就，已经站在新的历史起点上。重庆市集大城市、大农村、大库区、大山区和民族地区于一体，城乡二元结构矛盾突出，老工业基地改造振兴任务繁重，统筹城乡发展任重道远。在新形势下，党中央、国务院对重庆市改革发展提出更高要求，赋予重庆市新的使命。加快重庆市统筹城乡改革和发展，是深入实施西部大开发战略的需要，是为全国统筹城乡改革提供示范的需要，是形成沿海与内陆联动开发开放新格局的需要，是保障长江流域生态环境安全的需要。在当前应对金融危机的关键时期，尤其要把保持经济平稳较快增长作为首要任务，将解决当前困难与谋求长期发展结合起来，不断增强发展活力，着力解决劳动就业、社会保障、教育公平、医疗卫生、居民住房、库区移民、扶贫开发等重要民生问题，切实维护社会稳定。要站在全局和战略的高度，充分认识加快重庆市改革开放和经济社会发展的重大意义，努力把重庆市改革发展推向新阶段。为此，提出以下意见：

一　推进重庆市统筹城乡改革和发展的总体要求

（一）指导思想

高举中国特色社会主义伟大旗帜，深入贯彻落实科学发展观，深入实施西部大开发战略，进一步解放思想，锐意进取，加快推进统筹城乡综合配套改革，着力解决"三农"问题；加快推进结构调整和自主创新，着力发展内陆开放型经济；加快推进基础设施和公共服务设施建设，着力改善城乡人居环境；加快推进环境保护和资源节约，着力构建长江上游生态屏障；加快推进社会事业发展，着力做好库区移民和扶贫开发工作，形成有利于科学发展与社会和谐的新体制，促进经济社会又好又快发展，努力把重庆建设成为西部地区的重要增长极，长江上游地区的经济中心和城乡统筹发展的直辖市，在西部地区率先实现全面建设小康社会的目标。

（二）基本原则

——坚持城乡统筹，促进城乡协调发展。始终把解决好"三农"问题作为全部工作的重中之重，加大以工促农、以城带乡力度，把基础设施建设和社会事业发展的重点放在农村，促进城乡经济社会一体化发展。

——坚持科学发展，着力转变发展方式。加快推进产业结构优化升级，提高自主创新能力，形成产业新格局和竞争新优势。把节约资源和保护环境放在突出位置，实现经济社会发展与人口资源环境相协调。

——坚持以人为本，推进和谐社会建设。把改善人民生活作为一切工作的出发点和落脚点，解决好群众最关心、最直接、最现实的利益问题。大力发展社会事业，促进基本公共服务均等化，保障社会公平正义。

——坚持改革开放，推进体制机制创新。以统筹城乡综合配套改革试验为工作抓手，在重要领域和关键环节率先突破，破除制约经济社会发展的体制机制障碍。全面提高对内对外开放水平，加快建立内陆开放型经济体系。

（三）战略任务

——实施"一圈两翼"开发战略。着力打造以重庆主城区为核心、一小时通勤距离为半径的经济圈（"一圈"），加快建设以万州为中心、三峡库区为主体的渝东北地区和以黔江为中心、少数民族聚居的渝东南贫困山区（"两翼"），形成优势互补的区域协调发展新格局。

——实施扩大内陆开放战略。以开放促改革促发展，积极探索内陆地区发展开放型经济的新路子。以重庆北部新区及保税港区为龙头和平台，把重庆建设成为长江上游地区综合交通枢纽和国际贸易大通道，成为内陆出口商品加工基地和扩大对外开放的先行区。

——实施产业优化升级战略。加快推进老工业基地改造和振兴，建设国家重要的现代制造业基地。优先发展高新技术产业，大力发展现代服务业，加快发展现代农业，实现第一、第二、第三次产业协调发展，形成城乡分工合理、区域特色鲜明、资源要素优势充分发挥的产业体系。

——实施科教兴渝支撑战略。大力推进基础教育、职业教育和高等教育改革发展，创新人力资源开发模式，加快培养和引进多层次、高素质和实用型人才。充分发挥企业自主创新的主体作用，推进产、学、研相结合的科技创新体系建设，加快建设长江上游的科技创新中心和科研成果产业化基地。

　　——实施资源环境保障战略。树立生态立市和环境优先的理念，创新节约资源和保护环境的发展模式，发展循环经济和低碳经济，建设森林城市。保护好三峡库区和长江、嘉陵江、乌江流域的水体和生态环境，建设长江上游生态文明示范区。

　　（四）主要目标

　　——到 2012 年，重要领域和关键环节改革取得重大进展，统筹城乡发展的制度框架基本形成。人均地区生产总值达到全国平均水平；城乡居民收入达到西部地区较高水平，收入差距逐步缩小；基本公共服务能力达到全国平均水平；单位地区生产总值能耗比 2007 年下降 20%；环境保护和生态建设取得积极进展，三峡库区长江干流水质达到Ⅱ类。

　　——到 2020 年，各项改革全面深化，形成统筹城乡发展的制度体系，在西部地区率先实现全面建设小康社会的目标。人均地区生产总值超过全国平均水平；城乡居民收入达到全国平均水平，收入差距明显缩小；基本公共服务能力高于全国平均水平；单位地区生产总值能耗进一步显著下降；生态环境质量明显改善，森林覆盖率达到 45%，三峡库区长江干流水质稳定保持Ⅱ类。

二　促进移民安稳致富，确保库区和谐发展

　　（五）落实移民扶持政策

　　移民搬迁安置任务完成后，要适时将工作重点转向促进移民安稳致富，建立促进库区稳定发展的长效机制。加大移民后期扶持力度，逐步增加移民后期扶持资金，切实解决移民长远生计问题。完善移民就业扶持体系，加大职业教育、技能培训、市场信息、创业引导和就业援助工作力度，提高移民就业再就业能力。加快库区产业开发和基础设施建设，继续对库区移民就业再就业实施资金和政策倾斜，提供更多本地就业岗位。以基本养老、医疗和失业保险为重点，将农村进城镇安置移民、城镇占地移民、生态屏障区及地质灾害避让移民纳入社会保障体系。对移民搬迁安置的遗留问题要做细致工作，帮助移民解决生产生活中的实际困难和问题，建设和谐稳定新库区。抓紧编制实施三峡库区和移民安置区基础设施建设和经济社会发展规划，统筹解决库区当前突出矛盾和长远发展问题。

　　（六）支持库区产业发展

　　积极发展适合库区特点的优势特色产业，是实现移民搬得出、稳得

住、逐步能致富的主要途径。加强对库区产业发展的指导和支持，制定产业政策、区域发展规划和审批项目，都要对库区给予优先支持。积极发展能源及矿产资源深加工、石油天然气化工和盐化工、机械制造、纺织服装、现代中药及生物医药等重点产业，支持库区城镇移民生态工业园建设，增加对园区基础设施建设投入补助。鼓励优质产业向综合条件较好的万州、涪陵等库区城镇布局，探索创新产业园区多元共建和异地投资利益分享新机制。严格执行库区生态环境保护要求，严禁高污染行业企业落户。认真落实全国对口支援三峡库区移民工作五年规划纲要，鼓励更多的省市、企业向重庆提供人才、资金和项目援助，探索更加有效的对口支援方式，增强库区的造血功能和发展后劲。继续发挥库区产业发展基金的扶持作用。依法开征三峡电站水资源费。尽快编制并报批三峡库区后续工作规划，统筹考虑三峡库区后续工作资金需求，抓紧研究制定国家重大水利工程建设基金政策出台后的分配方案和管理办法。

（七）加强库区生态环境建设

健全库区生态环境保护体系，把三峡库区建成长江流域的重要生态屏障，维护长江健康生命，确保三峡工程正常运转。强化库区工业污染源治理，搞好农业面源污染防治，禁止水库网箱养鱼，加大水库清漂力度，解决支流"水华"等影响水质的突出问题。抓紧完善并实施三峡库区绿化带建设规划和水土保持规划，强化生物治理措施，加大水土流失治理力度。根据库区生态承载能力，稳步推进生态移民，在水库周边建设生态屏障区和生态保护带。尽快制定落实消落区治理方案和相关措施，加强三峡库区生态环境监测系统建设。加快推进三峡库区三期地质灾害防治工程，研究建立三峡库区地质灾害防治长效机制，落实库区防灾减灾保安措施。加强三峡工程蓄水后的生态变化规律和长江流域可持续发展战略研究。

三　发展现代农业，推进新农村建设

（八）优化农业结构和布局

加快农业结构战略性调整，构建现代农业产业体系。统筹规划农业布局，科学确定"一圈两翼"农业发展重点，打造"一圈"城郊都市型农业示范区、"渝东北翼"库区生态农业走廊和"渝东南翼"山地特色农业基地。稳定基本农田和粮食播种面积，提高单产水平，继续实施良种补贴等支持政策，确保粮食产量不低于1100万吨。推进大中型农业灌区工程建设，加快实施小型农田水利工程，大力发展旱作节水农业和节水灌溉。鼓励和支持农民开展各种小型农业基础设施建设。加强山区综合开发，加快林业产业发展。推进柑橘优势产业带建设，继续实施柑橘种苗补贴政策。支持重庆现代畜牧业示范区建设，加大对规模化养殖小区、良种繁育体系、动物疫病防控体系建设的扶持力度，加强畜牧业发展和养殖废弃物无害化处理和综合利用。加强农业标准化建设，确保农产品质量安全。支持重庆建设全国农业机械化综合示范基地，继续实施农机具购置补贴政策，认真落实农业机械化各项税费优惠政策。

（九）改善农村生产生活条件

扎实推进社会主义新农村建设，加快农村基础设施建设和社会事业发展步伐，着力解决农民生产生活中的突出问题。统筹城乡建设规划，将基础设施建设和公共服务的投入重点放在农村。在重庆开展"通村公路"建设试点，支持具备条件的建制村水泥（沥青）路建设，将已撤并乡镇的公路改造纳入"通村公路"工程统筹安排。增加农村饮水安全工程建设投入，加快解决农村饮水安全问题。大力推进农村沼气建设，发展集中沼气。实施农村生态环境综合治理，改善小城镇和村庄人居环境。加快农村电网改造后续工程建设。继续推进"村村通"电话工程，加强农村地区互联网接入能力建设和面向"三农"的信息服务平台建设。健全农村公共设施维护机制，提高综合利用效能。增加公共财政对农村教育、文化、卫生、体育、就业服务和社会保障等基本公共服务的投入，加强农村社会事业专业技术人才队伍建设，促进城乡基本公共服务均等化。

（十）加快渝东南等地区扶贫开发

坚持开发式扶贫、开放式扶贫和救济式扶贫有机结合，创新扶贫开发模式，促进产业发展，重点加快渝东南武陵山区各族群众脱贫致富步伐。支持特色产业发展，每个扶贫开发工作重点县集中扶持2—3个特色产业，提高农村贫困人口自我发展能力。完善整村推进扶贫规划，加大以工代赈实施力度，扩大深山峡谷和高寒山区扶贫移民搬迁工程实施范围。实行新的扶贫标准，对农村低收入人口全面实施扶贫政策，把尽快稳定解决扶贫对象温饱并实现脱贫致富作为新阶段扶贫开发的首要任务，让更多的农村贫困人口共享改革发展成果。促进农村最低生活保障制度和扶贫开发政策有效衔接。建立贫困农民创业基金，开展贫困农民创业试点工作。积极发展村级扶贫互助资金组织，健全和完善管理机制。完善协作扶贫机制，加大对口和定点扶贫工作力度。积极引导各类社会资源投入扶贫事业。逐步取消国家扶贫开发工作重点县的中央投资项目地方配套资金。支持重庆制定扶贫法规,将扶贫开发纳入法制化轨道。协调渝、鄂、湘、黔四省市毗邻地区成立"武陵山经济协作区",组织编制区域发展规划,促进经济协作和功能互补,加快老少边穷地区经济社会发展。

四 加快老工业基地改造,大力发展现代服务业

(十一)加快国有企业改革和非公有制经济发展

充分利用国家支持政策,发挥重庆产业门类齐全、专业人才集聚的优势,积极探索新机制和新模式,推进老工业基地改造。加快国有经济布局和结构的战略性调整,促进国有资本逐步向关系国家安全、国民经济命脉的重点领域集中,加快形成一批拥有自主知识产权和国际知名品牌、国际竞争力较强的优势企业。对参与老工业基地改造、符合国家产业政策的项目,在项目审核、土地利用、贷款融资、技术开发、市场准入等方面给予支持。建立健全国有资本经营预算制度,推动国有资本经营收益投入基础设施建设和公共服务领域。深化国有企业公司制股份制改革,鼓励和引导个体、私营等各种所有制经济参与国有企业改造。创造促进非公有制经济加快发展的公平竞争环境,落实中央在融资、财税、市场准入等方面的各项政策,促进中小企业朝"专、新、特、精"方向发展。加快南桐、松藻、天府等采煤沉陷区综合治理,推进资源枯竭地区经济转型。加快采煤沉陷区棚户区和城镇危旧房改造。

(十二)着力构建特色优势产业集群

充分发挥现有工业基础优势,培育发展新兴产业,增强主导产业的优势和活力。发展壮大汽车摩托车、装备制造、石油天然气化工、材料工业和电子信息五大支柱产业,形成实力雄厚、关联性强的优势产业集群。做强做大汽车摩托车产业,发展小排量、混合动力等节能环保型汽车、柴油车,推进零部件产业的优化升级,建设有利于自主开发的汽车综合试验场,增设国家摩托车质量检测中心,加快建成中国汽车名城和摩托车之都。振兴装备制造业,支持重庆发展风力发电和轨道交通配套装备。鼓励发展重型铸锻件、齿轮箱、大型柴油机配件等基础零部件产业。建设柴油机关键零部件、传动部件生产基地,创建西部特种船舶、高压输变电设备制造基地。高水平发展石油天然气化工产业,拓展产业规模和产业链。优化提升材料工业,做好重钢环保搬迁和产品结构升级改造。增加氧化铝有效供应，提高精加工的水平。加强国家高新技术产业基地建设，大力发展高新技术产业，提高其在经济总量中的比重。

（十三）积极发展生产生活性服务业

发挥西部地区特大中心城市优势，进一步健全现代服务业发展体制，促进生产性和生活性服务业全面发展。完善金融市场体系，提升金融服务水平，促进金融产业健康快速发展，建设长江上游地区金融中心，增强重庆的金融集聚辐射能力。支持重庆大中型农产品批发市场、重要商品储备基地、三峡库区中药材集散地、粮食流通体系和农业科技贸易城建设，构建现代物流基地。打造长江上游地区的"会展之都"、"购物之都"和"美食之都"，形成区域商贸会展中心，促进实现流通现代化。加快重庆主食加工配送中心建设。鼓励国内外知名品牌和有实力的商贸流通企业到重庆投资落户。加快完善旅游公共服务设施，发挥集散地枢纽功能。加强旅游资源保护和旅游景区基础设施建设。综合开发现代旅游产品，积极发展渝东南地区民族特色手工业和民俗生态旅游，培育一批功能齐全的特色旅游景点。依托三峡工程、三峡文化和三峡生态长廊，构建长江三峡国际黄金旅游带。

（十四）促进科技进步和自主创新

加快科技创新中心建设，设立重庆统筹城乡科技改革与创新综合试验区。国家在重点研发基地布局、支持军民融合技术创新基地建设、科技和创新综合改革试验等方面给予重点支持，加快研究开发、资源共享和成果转化科技平台建设，提升自主创新能力。加强产业技术升级、新兴产业培育、节能减排、资源利用保护等方面关键技术的研究开发和技术标准的研制。逐步建立服务业科技创新体系，用现代信息技术提升服务业发展水平。认真落实国家重点扶持的高新技术企业的所得税优惠政策和激励自主创新的财政、税收、政府采购等各项政策。探索建立比较完备的科技投融资体系，开展科技保险试点，健全科技创业风险投资机制和技术创新激励机制。深化科技体制改革，积极营造集聚人才、激励企业技术创新和促进产、学、研合作的政策环境。

（十五）增强"一圈"的辐射带动作用

建立区域产业协同发展新机制，推进"一圈两翼"统筹协调发展。着力在"一圈"构建大型产业基地，发展产业集群，提升综合实力和竞争力。发展适宜在"两翼"布局的相对优势产业。鼓励主机成套企业将零部件生产转移到"两翼"。支持"两翼"的农副产品、特色矿产、原材料及粗加工产品拓展市场空间。创新园区共建和资源共享机制，支持"两翼"特色工业园区和公共服务平台建设，提升承接产业转移的能力。依托"一圈"的资金、人才和技术等优势，扶持"两翼"发展特色加工业、现代农业、旅游业和各类服务业。完善"一圈"对口帮扶"两翼"机制，推进异地办园、协助引进项目、援建标准厂房、对口扶持企业等工作。探索建立要素和收益共享的"一圈两翼"互利共赢发展新机制。推动大、中、小城市和小城镇协调发展，完善城镇功能，增强产业带动和就业吸纳能力，减轻"两翼"的人口、资源和环境压力。

五 大力提高开放水平，发展内陆开放型经济

（十六）加快北部新区和保税港区建设

设立重庆北部新区内陆开放型经济示范区，形成高新技术产业研发、制造及现代服务业聚集区。支持北部新区在土地、财税、金融、投资、外经外贸、科技创新、管理体制等领域先行先试。继续发挥北部新区内各类国家级园区的特色和辐射带动作用，形成一区多园、良性互动、错位发展的格局。加快重庆两路寸滩保税港区建设，保税港区功能和有关税收政策比照洋山保税港区的相关规定执行。合理配置海关、出入境检验检疫人员和监管设施，确保有效监管。认真研究设立"两江新区"问题。

（十七）进一步扩大对外开放

认真落实国家鼓励出口的各项政策，调整出口产品结构，挖掘出口市场潜力，努力保持出口稳定增长。充分利用两个市场、两种资源，加快转变贸易发展方式，大力发展机电产品、高新技术产品出口，发展服务贸易，承接国际服务外包和加工贸易的转移。积极吸收国外资金、技术和人才，注重与外资企业开展形式多样的投资贸易合作。支持具备条件的企业走出去设立生产和研发基地，购并高新技术企业和研发机构。

（十八）积极开展区域经济合作

构建区域经济合作新机制，充分利用各种区域合作平台，加强同周边省市、长江沿线、沿海地区全方位、多层次、宽领域合作。深化周边合作，促进基础设施互联互通、资源共同开发、产业分工协作。尽快完成成渝经济区规划编制，推进成渝经济区产业协作，加强渝黔、渝陕资源开发合作。推动沿江合作，建立沿江省市产业协作联动机制，打造沿江产业带。强化东西合作，引导西部企业利用重庆内陆开放型经济平台，承接沿

海发达地区产业转移，打造东西部合作示范基地。

（十九）改善内陆开放的政策环境

建立健全发展内陆开放型经济的政策体系，营造与国内外市场接轨的制度环境。加快完善涉外公共管理和服务体系，改善产业配套条件。积极探索沿长江建立大通关模式，推进区域通关改革，充分发挥长江黄金水道的优势，推进江海直达，实现长江水运通关便利化，推进电子口岸建设，解决内陆地区对外开放"瓶颈"制约。逐步扩大基础设施和重点行业的市场准入，建立适应对内对外开放的投资体制和激励机制。加快改善三峡库区和贫困山区的开放开发环境，对农、林、牧、渔业项目，国家重点扶持的公共基础设施项目，符合条件的环境保护、节能节水项目等优先给予相应的税收减免。创新人才引进与激励机制，加快培养和引进开放型经济管理人才。

六 加快基础设施建设，增强城乡发展能力

（二十）加强水利设施建设

按照解决工程性缺水和提高水资源利用效率并重的原则，提高城乡水利设施建设能力和水资源利用水平与保障能力。继续支持"泽渝"一期工程建设，优化"泽渝"二期工程规模，因地制宜地建设一批中小型水源工程。开工建设大足玉滩水库，开展巴南观景口、南川金佛山等大型水库前期工作。加快城镇供水工程、沿江沿河县城及重点集镇防洪护岸工程和病险水库除险加固工程建设，提高城乡居民饮水、农业灌溉用水、防洪减灾的安全保障水平。加快水价机制改革，提高水资源管理水平，保障水利良性发展。

（二十一）加快综合交通运输枢纽建设

加快对外通道建设，优化运输衔接，完善综合交通运输体系，尽快建成长江上游地区综合交通枢纽。加快建设襄渝复线、宜万、兰渝、渝利铁路和遂渝复线，尽快开工建设渝怀复线、重庆至贵阳铁路、重庆至万州铁路、成渝客运专线、黔江—张家界—常德铁路，规划建设郑渝昆等铁路，形成以重庆铁路枢纽为中心，多条便捷化、大能力对外通道为骨干的铁路网布局，推进团结村铁路枢纽与保税港区物流联动。加快重庆辖区国家高速公路网络建设，稳步开展地方高速公路建设，加快建成"一环两射一联"市内高速公路骨架，国家和省级干线公路达到三级及以上标准，实现"四小时重庆"和"八小时邻省"的公路通达目标。推动长江上游航运中心建设，统筹规划岸线资源和港口布局，重点建设主城、万州、涪陵三个港区，以及长江、嘉陵江、乌江高等级航道。实施改扩建工程，提升江北国际机场枢纽功能。加快发展支线航空，尽快建成黔江机场，开展巫山机场前期工作。尽快完成近期建设规划修编，加快城市轨道交通发展。合理规划地下管网，有效利用地下空间。加强港口、铁路、公路、机场、城市道路的衔接，构建一体化交通换乘系统。支持重庆进行综合交通体制改革试点。加快综合信息基础设施建设，优先考虑在重庆开展"三网融合"试点，支持建设直达国际的专用高速通信通道。

（二十二）加强能源开发建设

以电力为中心、煤炭为基础、天然气为补充，资源开发与区域合作并举，加快建设能源保障体系。加强电力建设，抓紧研究重庆电厂、九龙电厂环保搬迁有关问题，积极推进奉节、石柱电厂项目的建设。稳步提高重庆能源结构中清洁能源、可再生能源和新能源的比重，积极开展小南海水电工程前期工作，抓紧论证布局大型清洁能源项目和炼化项目。有序开发小水电资源，按规划稳步推进水电农村电气化县和小水电代燃料工程建设。加强电网建设和农村电网改造工作。适当加大煤炭资源勘探开发力度，强化煤矿瓦斯利用和安全生产管理。大力开发天然气和煤层气资源，适当增加对重庆的天然气供应，支持天然气就地加工，扩大跨省能源交易。

（二十三）提高基础设施规划、建设和管理水平

统筹城乡建设规划，逐步实现水利、交通、能源等基础设施建设规划一体化。坚持先规划、后建设，发挥规划对城镇化的引导作用，优化城乡基础设施功能和布局。创新基础设施建设投融资体制，优化政府投资结构，继续加大对农村基础设施建设投入。加强城乡大型防灾骨干工程和信息系统建设。加快推进政府非经营性投资项目代建制，创新基础设施建设和公共服务提供模式。完善社会资本投资激励机制，采取建设—经营—转让（BOT）、项目收益债券、业主招标等方法，推进投资主体多元化。加强对政府投资项目的监督管理，规范各类投资主体的投资行为。健全城乡基础设施管理体制，将城乡基础设施纳入统一管理体系，促进城乡基础设施衔接互补、联网共享。增强管理部门之间的协调性，提高基础设施综合利用效能。探索建立市政基础设施的政府监管体系和社会监督机制，维护公众利益和公共安全。

七　加强资源节约和环境保护，加快转变发展方式

（二十四）大力推进节能减排

优化能源结构，提高环境保护标准，减少污染物排放和能源消耗。建立多部门联动的减排工作机制，实行环境准入制度。加快淘汰落后生产能力，遏制"两高一资"行业增长，严格控制新的污染。大力实施节能减排重点工程，加快节能减排能力建设。推进节能减排和发展循环经济的关键技术开发和推广。强化节能减排目标责任制，完善节能减排统计监测和考核实施办法。积极开展循环经济试点，做好工业园区循环经济发展规划，把重庆建成中西部地区发展循环经济的示范区。完善资源价格形成机制，探索建立环境资源有偿使用的市场调节机制，建立和完善重污染企业退出机制、绿色信贷、环境保险等环境经济政策、加快形成节约环保型的生产、流通和消费方式。

（二十五）加强城乡污染综合治理

以确保城乡集中式饮用水源地和三峡库区水质安全为重点，加强对城乡污染的综合防治。实施三峡库区及其上游水污染防治规划，对纳入规划的污水和垃圾处理、重点工业污染源治理、次级河流污染整治等项目，中央财政继续给予补助。加快落实污水、垃圾处理费征收政策、合理确定收费标准，确保治污设施正常运营。加大农村环境保护力度，强化畜禽养殖污染防治，实施有机肥推广示范工程，促进养殖废弃物向有机肥料的转化、推广和应用。加强污染治理技术研发，力求在"水华"控制、消落区整治、小城镇污水垃圾处理、面源污染防治等关键领域取得技术突破。

（二十六）积极建设长江上游生态文明区

完善相关政策，加快生态建设，促进可持续发展。在确保基本农田和耕地总量的前提下，根据国务院有关部门制定的退耕还林工程规划，逐步将重点区域25度以上陡坡耕地退耕还林。将重庆天然林保护工程区内国家重点公益林的新造林纳入中央财政生态效益补偿基金补偿范围，通过多种资金渠道扶持低效林改造。加强重庆长江流域防护林体系建设工程，保护好缙云山、中梁山、铜锣山、明月山等生态走廊。继续实施生态示范创建工程，有序推进生态文明村建设。加快实施石漠化综合治理、小流域综合治理、水土保持等生态环境工程。研究建立多层次的生态补偿机制。加强生物多样性和生物安全管理，提高自然保护区管护水平。

八　大力发展社会事业，提高公共服务水平

（二十七）优先发展教育事业

加快教育体制改革，形成城乡教育一体化发展机制，支持重庆建设国家统筹城乡教育综合改革试验区。推进义务教育均衡发展，改善农村中小学办学条件，城乡普通中小学和学前教育师资配置逐步达到统一标准，推进农村中小学现代远程教育发展，加大寄宿制学校建设力度。将农民工随迁子女接受义务教育纳入公共教育体系。加快普及农村高中阶段教育，重点发展农村中等职业教育。探索职业教育发展新机制，加强职业教育基础能力建设，大力完善职业教育与培训体系，重点推动职业教育集团化办学模式改革，健全协作培养、分段培养等技能人才培养方式。继续对重庆高校招生计划适度倾斜，扩大库区、贫困地区和少数民族地区招生比重。支持重庆高等教育发展和重点学科建设。提高普通高等学校生均综合定额，尽快达到部属高校水平。积极发展幼儿教育、特殊教育和民族教育。

（二十八）完善城乡医疗卫生体系

深化医药卫生体制改革，加快建立覆盖城乡居民的基本医疗卫生制度，在西部地区率先实现人人享有基本医疗卫生服务的目标。支持重点市级医院现代化建设，加强县级医疗机构基础设施建设和乡村、社区卫生服务机构标准化、规范化建设。加大对基层医疗机构和公共卫生的投入，加强疾病预防控制、卫生监督、妇幼保健、精神卫生等公共卫生机构建设，提高公共服务水平、应急救治能力，以及重大传染病、慢性病和地方病的预防控制能力。扶持中医药发展。加强城乡基本公共卫生服务，逐步实现公共卫生服务均等化。建立基本药物制度，完善基本药品和医疗服务定价政策。健全计划生育奖励扶助制度，加强农村基层计划生育技术服务体系建设，稳定低生育水平。完善人口管理与决策信息系统，建立快速、科学的人口信息采集和监测机制。

（二十九）加强文化体育事业建设

加快文化体制改革步伐，推动文化事业健康快速发展，在西部地区率先建成覆盖城乡的公共文化服务体系和文化产业发展机制。推进国家文化和自然遗产地保护、历史文化名城保护、抢救性文物保护、文化信息资源共享工程、乡镇综合文化站、广播电视村村通工程、农村电影放映工程等项目建设。开展城市社区文化活动中心和村文化室建设。开展建立公共文化服务体系财政保障机制试点，对基层公共文化机构日常运行经费及博物

馆免费开放给予补助。创建多元投资机制，开发特色文化资源，推进文化产业基地和文化市场建设，促进文化产业发展。加快体育体制改革和大众体育事业发展。大力推进公共体育设施建设，完善全民健身服务体系，提升竞技运动水平，提高大型体育赛事的举办能力和组织水平。积极开发健身休闲和体育竞赛市场，推动体育产业发展。

（三十）健全社会保障制度

进一步加大中央财政支持力度，加快建立健全覆盖城乡居民的社会保障制度。积极稳妥推进事业单位养老保险改革试点。支持重庆率先探索建立农村养老保险制度。完善基本医疗保障制度，支持开展城乡统筹基本医疗保险试点，不断提高新型农村合作医疗的保障水平，逐步实现基本医疗保险市级统筹。统筹解决关闭破产国有企业（包括中央在渝企业）退休人员参加基本医疗保险问题。完善被征地农民社会保障政策，做到即征即保和应保尽保。完善城乡居民最低生活保障制度。加强对困难群众的社会救助。加强城市养老服务机构建设，继续实施"农村五保供养服务设施建设霞光计划"，对农村敬老院建设予以倾斜支持。完善城镇住房保障制度，增加保障性住房供给，加大廉租房和经济适用房建设力度。逐步将进城稳定就业人员纳入廉租房和经济适用房供应范围。

九 积极推进改革试验，建立统筹城乡发展体制

（三十一）建立以城带乡、以工促农的长效机制

调整国民收入分配格局，加大对农业和农村发展的支持力度，构建新型工农关系和城乡关系。完善农业支持保护制度，扩大公共财政覆盖农村范围，确保各级财政支农投入总量和比重逐年增加，建立健全促进城乡基本公共服务均等化的政府投入机制。提高政府土地出让收益用于农业土地开发和农村基础设施建设的比重。拓宽支农资金渠道，强化支农资金整合运用。推进强农惠农政策的规范化和制度化，不断加大强农惠农政策力度。加大对农民专业合作社的财政金融扶持，加快构建新型农业社会化服务体系，完善相关支持政策。统筹市区、城镇与乡村发展，加快小城镇建设，积极发展农村非农产业，壮大县域经济，发挥工业化、城镇化及大中城市对农村农业发展的辐射带动作用。支持重庆构建城乡一体的基层公共科技服务体系，引导科技要素向农业和农村转移。创新农工商合作、联营、一体化经营体制，发展农业产业化经营，扶持壮大龙头企业，鼓励龙头企业与农民建立紧密型利益联结机制。

（三十二）建立统筹城乡的土地利用制度

稳定和完善农村基本经营制度，赋予农民更加充分而有保障的土地承包经营权，现有土地承包经营关系要长久不变。继续推进集体林权制度改革。合理安排和调控城乡用地布局，实行最严格的耕地保护制度和最严格的节约用地制度，严格执行耕地占补平衡制度。尽快划定永久性基本农田，建立保护补偿机制，确保基本农田总量不减少、用途不改变、质量有提高。加强土地整理工作，支持和指导重庆创新土地整理复垦开发模式。按照依法自愿有偿原则，允许农民以转包、出租、互换、转让、股份合作等形式流转土地承包经营权。规范承包方之间以土地承包经营权入股，开展"发展农民专业合作社"试验项目。严格农村宅基地管理，保障农户宅基地用益物权。稳步开展城乡建设用地增减挂钩试点。设立重庆农村土地交易所，开展土地实物交易和指标交易试验，逐步建立城乡统一的建设用地市场，通过统一有形的土地市场、以公开规范的方式转让土地使用权，率先探索完善配套政策法规。加快重庆土地利用总体规划修编，按照"前期适当集中，后期相应调减"的原则，在近期新增建设用地总规模不变的前提下，试行近两年增加土地利用年度指标、后几年相应减少年度指标的管理方式。积极推进征地制度改革。

（三十三）建立统筹城乡的金融体制

推进金融体制改革，健全金融市场体系，改善城乡金融服务。加快发展多层次的资本市场，适时将重庆纳入全国场外交易市场体系，支持符合条件的企业上市融资。推进企业债券、公司债券发行及机制建设，探索发行用于市政基础建设的项目收益债券。研究设立产业投资基金，探索设立中外合资产业基金管理公司。设立保险业创新发展试验区，开展保险资金投资基础设施等试点。开展外汇管理体制改革试点，允许1—2家符合相关条件的重庆非金融企业进入银行间外汇市场。加快研究重庆大企业集团开展外汇资金集中运营管理有关方案。依托全国金融市场中心建设整体布局，待时机成熟后，优先考虑在重庆设立全国性电子票据交易中心。支持期货交易所在重庆设立当地优势品种的商品期货交割仓库，支持在重庆设立以生猪等畜产品为主要交易品种的远期交易市场。建立现代农村金融制度，规范发展多种形式的新型农村金融机构和以服务农村为主的地区性中小银行，支持开展商业性小额贷款公司试点，大力推进农村金融产品和服务创新。建立农村信贷担保机制，探索建立农业贷款贴息制度。提高农村地区支付结算业务的便利程度，加快农村信用体系建设。积极推进"三农"保险，扩大政策性农业保险覆盖面。支持重庆与国际金融组织加强合作，探索并推进统筹城乡改革与发展示范项目。

（三十四）建立城乡统一的劳动就业制度

把统筹解决农民工问题作为重庆统筹城乡改革发展的突破口。按照劳动者自主择业、市场引导就业和政府促进就业的原则，建立健全覆盖城乡的就业服务体系，打造功能完善、平等竞争、城乡统一的人力资源市场，形成城乡劳动者平等就业制度，稳定和增加就业机会。建设符合产业发展要求的专业化职业培训、实训基地和职业技能鉴定示范基地。继续实施"阳光工程"，加大农村劳动力就业创业培训力度，推动农村劳动力转移就业。加强劳务品牌建设，促进劳务经济由数量型向质量型转变。积极支持就业、再就业工作，完善自主创业、自谋职业的政策支持体系和面向城乡就业困难人员的就业援助制度，对返乡创业农民工给予政策支持。规范发展就业服务机构和劳务经纪人。健全劳动用工管理制度，建立和完善跨省（区、市）劳务合作机制和劳动者权益保护机制，维护城乡劳动者合法权益。

（三十五）建立城乡统一的社会管理体制

加快转变政府职能，建设服务型政府，探索建立有利于统筹城乡发展的行政管理体制，推进城乡社会管理一体化。增加政府公共服务支出，转变公共服务提供方式，全面推行政府投资项目代建制，推广政府购买服务模式，引导社会资金投资公益性社会事业。健全社会组织建设和管理，加快推进事业单位分类改革，促进政事分开、管办分开、公益性和营利性分开。积极培育各类服务性民间组织，发挥其提供服务、反映诉求、规范行为的作用。支持建设安全保障型城市示范区。健全社会治安防控体系，深入开展平安重庆创建活动。健全党和政府主导的维护群众权益机制，拓宽社情民意表达渠道。扎实推进城乡社区建设，完善综合服务功能，健全基层党组织领导的社区民主管理和村民自治制度，努力把城乡社区建设成为服务完善、管理有序、文明祥和的社会生活共同体。

十　加强组织领导，落实各项任务

（三十六）切实加强指导协调

国务院各有关部门要根据自身职能，抓紧研究制定并认真落实支持重庆市改革发展的细化方案和具体措施，加强工作指导和统筹协调。各有关部门要指导重庆编制实施重点领域的改革发展规划和重大项目建设方案，保障专项规划与全国规划相衔接，做好重大项目的前期工作。各有关部门要把重庆市纳入本部门已启动或拟开展的改革试点范围，推进实施部市共建协议。着眼于增强西部地区自我发展能力，促进重庆市统筹城乡发展，把中央财政对重庆市建市补助列入中央对重庆的体制补助基数，进一步加大中央财政转移支付、中央预算内专项资金和中央预算内投资以及其他中央专项资金对重庆的投入力度，提高重庆市的财力水平。在政策实施过程中，各有关部门要加强调查研究和督促检查，及时总结经验，帮助重庆市解决改革发展中的困难和问题。中央国家机关、企事业单位和沿海经济发达地区要加大对重庆市的对口帮扶力度。

（三十七）健全改革试验推进机制

重庆市要加强统筹城乡综合配套改革试验区建设，坚持统筹兼顾、科学规划、突出重点、分步实施，允许先行先试，推动改革试验尽快取得进展。要抓紧制定并组织实施统筹城乡综合配套改革试验总体方案，建立健全改革创新的程序性规范及推进机制。对具有突破性的改革试验实行项目化管理，建立目标责任制度和纠错机制，落实风险防控措施，及时总结正、反两方面的经验，引导改革试验积极稳妥推进。由发展改革部门牵头，会同各有关部门协调和指导重庆统筹城乡综合配套改革试验区工作，定期检查工作进展情况，协商解决重大政策问题，及时向国务院报告有关情况。

（三十八）全面落实各项任务

重庆市要切实加强组织领导，承担起国家赋予的历史使命，认真完成各项重大战略任务。要按照改革发展目标任务，制订阶段性行动计划，尽快细化完善相关政策。要把各项任务分解到有关地方和部门，明确目标任务和工作责任，完善监督考核机制，切实把改革发展的各项政策落到实处。要定期总结经验，重大问题及时向国务院报告，确保改革发展各项工作有序开展。

统筹城乡改革和发展是一项长期艰巨的战略任务，使命光荣，责任重大。重庆市要紧紧抓住历史机遇，进一步解放思想，开拓创新，扎扎实实做好各方面工作，努力开创科学发展与社会和谐的新局面。

国务院

2009 年 1 月 26 日

重庆市人民政府关于进行对部分个人住房征收房产税改革试点的暂行办法

为调节收入分配，引导个人合理住房消费，根据国务院第 136 次常务会议有关精神，重庆市人民政府决定在部分区域进行对部分个人住房征收房产税改革试点。现结合重庆市实际情况，制定本暂行办法。

一　试点区域

试点区域为渝中区、江北区、沙坪坝区、九龙坡区、大渡口区、南岸区、北碚区、渝北区、巴南区（以下简称主城九区）。

二　征收对象

（一）试点采取分步实施的方式。首批纳入征收对象的住房为：

1. 个人拥有的独栋商品住宅。

2. 个人新购的高档住房。高档住房是指建筑面积交易单价达到上两年主城九区新建商品住房成交建筑面积均价两倍（含两倍）以上的住房。

3. 在重庆市同时无户籍、无企业、无工作的个人新购的第二套（含第二套）以上的普通住房。

新购住房是指《暂行办法》施行之日起购买的住房（包括新建商品住房和存量住房）。新建商品住房购买时间以签订购房合同并提交房屋所在地房地产交易与权属登记中心的时间为准，存量住房购买时间以办理房屋权属转移、变更登记手续时间为准。

（二）未列入征税范围的个人高档住房、多套普通住房，将适时纳入征税范围。

三　纳税人

纳税人为应税住房产权所有人。产权人为未成年人的，由其法定监护人纳税。产权出典的，由承典人纳税。产权所有人、监护人、承典人不在房产所在地的，或者产权未确定及租典纠纷未解决的，由代管人或使用人纳税。

应税住房产权共有的，共有人应主动约定纳税人，未约定的，由税务机关指定纳税人。

四　计税依据

应税住房的计税价值为房产交易价。条件成熟时，以房产评估值作为计税依据。

独栋商品住宅和高档住房一经纳入应税范围，如无新的规定，无论是否出现产权变动均属纳税对象，其计税交易价和适用的税率均不再变动。

属于本办法规定的应税住房用于出租的，按本办法的规定征收房产税，不再按租金收入征收房产税。

五　税率

（一）独栋商品住宅和高档住房建筑面积交易单价在上两年主城九区新建商品住房成交建筑面积均价 3 倍以下的住房，税率为 0.5%；3 倍（含 3 倍）至 4 倍的，税率为 1%；4 倍（含 4 倍）以上的税率为 1.2%。

（二）在重庆市同时无户籍、无企业、无工作的个人新购第二套（含第二套）以上的普通住房，税率为 0.5%。

六　应纳税额的计算

（一）个人住房房产税应纳税额的计算。

应纳税额 = 应税建筑面积 × 建筑面积交易单价 × 税率

应税建筑面积是指纳税人应税住房的建筑面积扣除免税面积后的面积。

（二）免税面积的计算。

扣除免税面积以家庭为单位，一个家庭只能对一套应税住房扣除免税面积。

纳税人在本办法施行前拥有的独栋商品住宅，免税面积为 180 平方米；新购的独栋商品住宅、高档住房，免税面积为 100 平方米。纳税人家庭拥有多套新购应税住房的，按时间顺序对先购的应税住房计算扣除免税面积。

在重庆市同时无户籍、无企业、无工作的个人的应税住房均不扣除免税面积。

七　税收减免与缓缴税款

（一）对农民在宅基地上建造的自有住房，暂免征收房产税。

（二）在重庆市同时无户籍、无企业、无工作的个人拥有的普通应税住房，如纳税人在重庆市具有户籍、有企业、有工作任一条件的，从当年起免征税，如已缴纳税款的，退还当年已缴税款。

（三）因自然灾害等不可抗力因素，纳税人纳税确有困难的，可向地方税务机关申请减免税和缓缴税款。

八 征收管理

（一）个人住房房产税的纳税义务发生时间为取得住房的次月。税款按年计征，不足一年的按月计算应纳税额。

（二）个人住房房产税由应税住房所在地的地方税务机关负责征收。

（三）纳税人应按规定如实申报纳税并提供相关信息。

（四）个人住房房产税的征收管理依照《中华人民共和国税收征收管理法》的规定执行。

九 收入使用

个人住房房产税收入全部用于公共租赁房的建设和维护。

十 配套措施

（一）上两年主城九区新建商品住房成交建筑面积均价按照政府职能部门发布的年度均价计算确定。

（二）有关部门要配合征收机关应用房地产评估技术建立存量住房交易价格比对系统，对各类存量个人住房进行评估，并作为计税参考值。对存量住房交易价明显偏低且无正当理由的，按计税参考值计税。

（三）财政、税务、国土房管、户籍、工商、民政、人力社保等主管部门要共同搭建房地产信息平台，抓紧建设个人住房信息系统。

（四）各相关管理部门要积极配合税务部门建立个人住房房产税征收控管机制。对个人转让应税住房不能提供完税凭证的，不予办理产权过户等相关手续。

（五）纳税人在规定期限内不缴或少缴应纳税款的，由地方税务机关责令限期缴纳，逾期仍未缴纳的，地方税务机关可以书面通知纳税人开户银行或者其他金融机构从其存款中扣缴税款、滞纳金及罚款。

（六）欠税公告后仍不缴纳的，纳税人欠缴个人住房房产税情况纳入个人征信系统管理。

十一 本办法由重庆市人民政府解释。

十二 本办法从 2011 年 1 月 28 日起施行。

重庆市个人住房房产税征收管理实施细则

第一章　总则

第一条　为加强和规范个人住房房产税的征管，保证税款及时足额入库，依据《重庆市人民政府关于进行对部分个人住房征收房产税改革试点的暂行办法》（以下简称《暂行办法》），结合本市实际情况，制定本实施细则。

第二条　本实施细则所称个人住房房产税是以《暂行办法》确定的住房为征税对象，向产权所有人征收的一种财产税。

第二章　试点区域

第三条　个人住房房产税在主城九区行政区域范围征收，即渝中区、江北区、沙坪坝区、九龙坡区、大渡口区、南岸区、北碚区、渝北区、巴南区，含北部新区、高新技术开发区、经济技术开发区。

第三章　征收对象

第四条　个人住房房产税的征收对象为个人拥有的独栋商品住宅，个人新购的高档住房，在重庆市同时无户籍、无企业、无工作的个人新购的第二套（含）以上的普通住房。未列入征税范围的个人高档住房、多套普通住房，将适时纳入征税范围。

独栋商品住宅是指房地产商品房开发项目中在国有土地上依法修建的独立、单栋且与相邻房屋无共墙、无连接的成套住宅。

高档住房是指建筑面积交易单价达到上两年主城九区新建商品住房成交建筑面积均价两倍（含）以上的住房。

新购住房是指《暂行办法》施行之日起购买的住房，包括新建商品住房和存量住房。新建商品住房购买时间以签订购房合同并提交房屋所在地房地产交易与权属登记中心的时间为准，存量住房购买时间以办理房屋权属转移、变更登记手续时间为准。

第四章　纳税人

第五条　个人住房房产税的纳税人为应税住房产权所有人。产权人为未成年人的，由其法定监护人纳税；产权出典的，由承典人纳税；产权所有人、监护人、承典人不在房产所在地的，或者产权未确定及租典纠纷未解决的，由代管人或使用人纳税。

应税住房产权共有的，共有人应主动约定纳税人，未约定的，由税务机关指定纳税人。

第五章　计税依据

第六条　应税住房的计税价值为房产交易价，待条件成熟时按房产评估值征税。

凡纳入征收对象的应税住房用于出租的，按《暂行办法》规定征收缴纳房产税，不再以租金收入计征房产税。

第七条　独栋商品住宅和高档住房一经纳入应税范围，如无新的规定，无论产权是否转移、变更均属征税对象，其计税房产交易价和适用的税率均不再变动。

第六章　税率

第八条　独栋商品住宅和高档住房建筑面积交易单价达到上两年主城九区新建商品住房成交建筑面积均价 3 倍以下的住房，税率为 0.5%；3 倍（含）至 4 倍的，税率为 1%；4 倍（含）以上的税率为 1.2%。

在重庆市同时无户籍、无企业、无工作的个人新购第二套（含）以上的普通住房，税率为 0.5%。

第七章　应纳税额的计算

第九条　个人住房房产税应纳税额的计算，公式：应纳税额＝应税建筑面积×建筑面积交易单价×税率

应税建筑面积是指纳税人应税住房的建筑面积扣除免税面积后的面积。

第十条　免税面积的计算。纳税人在《暂行办法》施行前拥有的独栋商品住宅，免税面积为 180 平方米；新购的独栋商品住宅、高档住房，

免税面积为 100 平方米。

免税面积以家庭为单位进行扣除,一个家庭只能对一套应税住房扣除免税面积。

纳税人家庭拥有多套应税住房的,按时间顺序对先购的一套应税住房计算扣除免税面积;其中,纳税人家庭拥有多套《暂行办法》施行前的独栋商品住宅,允许纳税人选择一套应税住房计算扣除免税面积。

在重庆市同时无户籍、无企业、无工作的个人的应税住房均不扣除免税面积。

第八章　税收减免与缓缴税款

第十一条　纳税人因有特殊困难,不能按期缴纳税款的,由纳税人申请并经税务机关批准,可以延期缴纳当年税款,但是最长不得超过三个月。

第十二条　在重庆市同时无户籍、无企业、无工作的个人拥有的普通应税住房,如纳税人在重庆市具有户籍、有企业、有工作任一条件的,从当年起免征税,如已缴纳税款的,退还当年已缴税款。

第十三条　因不可抗力因素造成应税房产毁损的,由纳税人申请并经税务机关审批,当年可酌情减征或免征个人住房房产税。

第九章　征收管理

第十四条　个人住房房产税的纳税义务时间为房产权属登记日期的次月起。税款按年计征,不足一年的按月计算应纳税额。

第十五条　个人住房房产税纳税期限为每年的 10 月 1—31 日。

应税住房转让的,在办理产权过户手续时一并征收当年个人住房房产税。

第十六条　个人住房房产税的纳税地点为住房所在地。纳税人有多处应税房产,且又不在同一地方的,应按住房的坐落地点,分别向住房所在地税务机关申报缴纳个人住房房产税。

第十七条　国土房管部门应在《暂行办法》施行之日起 3 个月内将存量独栋商品住宅的基础信息传递给当地税务机关。基础信息包括房屋所有权人、所有权人身份证件号码、产权共有情况、联系电话,房屋坐落、建筑面积、房地产项目(楼盘)名称、楼栋号,合同交易价格、房产权属登记日期等。

国土房管部门实时将新购独栋商品住宅、高档住房和身份证件号码非本市的个人新购住房的合同签订时间、房产权属登记日期、身份证件号码非本市的个人在重庆拥有住房情况等基础信息传递给当地税务机关。

第十八条　税务机关应及时建立"一户式"个人住房房产税征收档案。

第十九条　税务机关通过纳税人提供的户口簿，确定应税住房的家庭人员。家庭人员以纳税人共同户籍记载的人员为准。

第二十条　税务机关按照征收范围内纳税人及家庭人员拥有住房情况，确定扣除免税面积。

第二十一条　税务机关依据身份证件号码非本市的个人提供的重庆市户籍，或者营业执照，或者机关、团体、企业、事业等单位出具的工作证明，确定其是否为纳税人。

第二十二条　税务机关于每年8月31日前将应税住房的坐落地址、计税依据、应纳税额、申报期限等通过直接送达、邮寄、公告等方式通知纳税人。

第二十三条　纳税人应在规定的申报期限内主动向应税住房所在地税务机关，报送纳税申报表，提供减免税要件和其他纳税资料，如实办理纳税申报。

纳税人可以直接到税务机关办理纳税申报，也可以按照规定采取邮寄、数据电文或者其他方式办理纳税申报和报送事项。

第二十四条　税务机关将纳税人申报情况与征收档案信息比对，核实纳税人实际应纳税额，进行税款征收，并向纳税人开具完税凭证。

第二十五条　税务机关根据有利于税收源泉控管和方便纳税的原则，可以依法委托有关单位代征个人住房房产税，并发给委托代征证书。

受托代征单位以税务机关的名义依法征收税款，纳税人不得拒绝；纳税人拒绝的，受托代征单位应当及时报告税务机关。

第二十六条　纳税人未按照规定期限缴纳税款的，税务机关除责令限期缴纳外，从滞纳税款之日起，按日加收滞纳税款万分之五的滞纳金。

第二十七条　纳税人不进行纳税申报，不缴或者少缴应纳税款的，由税务机关追缴其不缴或者少缴的税款、滞纳金，并处不缴或者少缴的税款百分之五十以上五倍以下的罚款。

第二十八条　纳税人在规定期限内不缴或者少缴应纳的税款，由税务机关责令限期缴纳，逾期仍未缴纳的，税务机关可以书面通知纳税人开户银行或者其他金融机构从其存款中扣缴税款、滞纳金及罚款。

第二十九条　欠缴个人住房房产税的纳税人需要出境的，应当在出境前向税务机关结清应纳税款、滞纳金或者提供担保。未结清税款、滞纳金，又不提供担保的，税务机关可以通知出境管理机关阻止其出境。

第三十条　税务机关可以依法在办税场所或者通过网络、报刊、电视、广播等新闻媒体对欠税的纳税人进行定期公告，公告后仍不缴纳的，纳税人欠缴个人住房房产税情况纳入个人征信系统管理。

第三十一条　税务机关根据征管工作需要，可以对纳税人的申报纳税情况进行检查，纳税人必须接受税务机关依法进行的税务检查，如实反映情况，提供有关资料，不得拒绝、隐瞒。

第三十二条　税务机关可以依法查阅、调取应税住房所有人与纳税相关的资料、凭证，有关单位和个人有义务如实提供。

第三十三条　税务机关有义务为纳税人的纳税情况、应税房产情况及其他个人隐私信息保密，除税收违法行为信息外，不得对外泄露纳税人的相关信息。

第十章　配套措施

第三十四条　上两年主城九区新建商品住房成交建筑面积均价以国土房管部门公布为准。

第三十五条　税务机关将纳税人欠税信息传递给国土房管部门，由国土房管部门对欠税的住房予以交易限制。交易限制待纳税人缴清欠税后解除。

第三十六条　各相关管理部门要积极配合税务机关建立个人住房房产税征收控管机制。对纳税人转让应税住房不能提供完税凭证的，不予办理产权过户等相关手续。

第三十七条　税务机关应加强与财政、国土房管、户籍、工商、民政、人力社保、建设等管理部门的协作配合，及时获取第三方的涉税信息资料，推进个人住房房产税征收管理工作。

第三十八条　各级政府部门应当利用网络、电视、广播、报刊、短信等方式，宣传个人住房房产税，普及纳税知识，无偿为纳税人提供纳税咨询服务。

第十一章　附则

第三十九条　本实施细则未尽事宜，依照《中华人民共和国税收征收管理法》及其相关法律规定执行。

第四十条　本实施细则从 2011 年 1 月 28 日起执行。

重庆农村土地交易所管理暂行办法

第一章 总则

第一条 法律依据

根据《中华人民共和国土地管理法》、《中华人民共和国土地承包法》、《中华人民共和国物权法》等法律法规和政策，按照统筹城乡、科学发展的要求，制定本办法。

第二条 指导思想

全面贯彻落实科学发展观，深化城乡综合配套改革，健全农村土地管理制度，优化城乡土地资源配置，解放和发展农村生产力，推进农村土地节约集约利用，统筹城乡经济社会全面协调可持续发展。

第三条 基本原则

（一）坚持以家庭联产承包为基础、统分结合的双层经营体制，稳定和完善农村基本经营制度；

（二）坚持最严格的耕地保护制度，建立基本农田保护补偿机制，确保耕地总量不减少、用途不改变、质量有提高；

（三）坚持最严格的节约用地制度，从严控制城乡建设用地总规模，推进城镇建设用地增加与农村建设用地减少挂钩，逐步建立城乡统一的建设用地市场；

（四）坚持依法、自愿、有偿，公开、公平、公正，切实保障农民的占有、使用、收益等合法权益。

第四条 交易品种

农村土地交易所交易品种包括实物交易和指标交易：

（一）实物交易指农村集体土地使用权或承包经营权交易；

（二）指标交易指建设用地指标交易。

第五条 监管服务机构

（一）组建重庆农村土地交易所监督管理委员会。委员会下设办公室，负责日常工作，办公室设在市国土房管局。

（二）设立重庆农村土地交易所，在重庆农村土地交易所监督管理委员会领导下，在市国土资源、农业、林业等行政主管部门指导下，建立农村土地（实物和指标）交易信息库，发布交易信息，提供交易场所，办理交易事务。

第二章　实物交易

第六条　严格执行土地用途管制制度和规划许可制度

（一）农村土地交易未经依法批准不得擅自改变土地用途；

（二）农用地和未利用地要转为建设用地，必须符合土地利用总体规划、城乡建设规划及环境保护的要求，依法经过批准，并纳入土地利用年度计划；

（三）对违反规定改变交易土地用途的行为，由国土资源、农业、林业等行政主管部门按照国家有关规定严肃查处。

第七条　交易内容

（一）耕地、林地等农用地使用权或承包经营权交易。耕地承包经营权交易时，附着于该土地上的构筑物及其附属设施一并交易。林地使用权或承包经营权交易时，生长在该土地上的林木所有权一并交易；

（二）农村集体经营性建设用地使用权交易。农村集体经营性建设用地使用权交易时，附着于该土地上的建筑物、构筑物及其附属设施一并交易；

（三）荒山、荒沟、荒丘、荒滩等农村未利用地使用权或承包经营权交易；

（四）农村土地使用权或承包经营权折资入股后的股权或收益分配权交易。

第八条　禁止交易的土地

（一）使用权或承包经营权权属不合法、不明晰或有争议的；

（二）重点生态防护林、特殊用途林、生态湿地、饮用水源保护地等承担重要生态功能的；

（三）违反土地利用总体规划、城乡总体规划、村镇规划的；

（四）司法机关依法查封或以其他形式限制土地权利的；

（五）以前签订的土地交易合同约定事项尚未完结的。

第九条　交易方式

（一）农民家庭承包土地的承包经营权交易，可以采取转让、转包、转租、入股、联营等方式；

（二）农村集体未发包的农用地使用权交易，可以采取出让、出租、入股、联营等方式；

（三）农村宅基地及其附属设施用地使用权交易，可以采取出租、转让、转租、入股、联营等方式；

（四）除农村宅基地及其附属设施用地以外的农村集体建设用地使用权交易，可以采取出让、转让、出租、入股、联营等方式；

（五）农村未利用地使用权交易，可以采取出让、出租、联营、股份合作等方式；

（六）农村土地使用权或承包经营权折资入股后的股权或收益分配权交易，可以采取转让等方式。

第十条　申让资格

农村土地实物申让方必须是农村集体经济组织、具有完全民事权利能力和民事行为能力的自然人、法人或其他组织。

第十一条　申让条件

申让方必须提交申让地块土地权利证书或其他权属证明、土地勘测定界报告、土地利用现状图、土地分类面积汇总表、使用年限说明、价款构成及支付要求、交地承诺等有关材料。其中：

（一）凡农村集体经济组织申让，必须出具集体土地所有证或其他权属证明，以及拥有该土地的农村集体经济组织 2/3 以上成员或者 2/3 以上成员代表同意交易的书面材料；

（二）凡农户永久性申让，必须提供集体土地使用证或其他权属证明，以及拥有其他稳定居所和稳定生活来源的书面材料；

（三）凡农户或法人申让，均必须提交该土地所在集体经济组织同意交易的书面材料；

（四）凡委托申让，必须提交相应授权的法律文书。

第十二条　申购资格

（一）农村土地实物申购方必须是农村集体经济组织、具有完全民事权利能力和民事行为能力的自然人、法人或其他组织；

（二）农村宅基地及其附属设施用地申购方必须是本农村集体经济组织成员或高山移民。

第十三条　严格规范交易秩序

（一）凡农村集体经济组织申报的农村土地交易，应按《重庆农村土地交易所交易流程》的规定，在农村土地交易所内公开交易；

（二）鼓励其他主体申报的土地交易在农村土地交易所内进行，并参照《重庆农村土地交易所交易流程》的规定办理相关手续；

（三）农村集体经营性建设用地使用权交易，必须在农村土地交易所公开规范交易；

（四）有关行政主管部门按照各自职能加强交易资格审查和交易行为监管。

第十四条　交易价格指导

各区县（自治县）人民政府根据区域经济社会发展水平、城乡规划与建设、土地市场状况等情况，制定本区域农村土地交易的基准地价。

第十五条　交易合同管理

（一）重庆农村土地交易所监督管理委员会办公室统一制定标准合同文本；

（二）所有交易结果均须依法签订合同，并依法到国土资源、农业、林业行政主管部门登记。登记信息由主管部门按月交农村土地交易所统一对外发布。

第十六条　交易年限管理

（一）农用地承包经营权交易年限，按国家相关法律法规规定的年限执行；

（二）农村集体建设用地使用权交易年限，最长不得超过同用途的国有建设用地出让最高年限；

（三）农村未利用地交易年限，最长不得超过拟用途类型土地的承包年限。

第十七条　交易后续管理

（一）严格执行国家有关土地管理的法律法规和政策，连续撂荒两年以上的农村承包地，由拥有其所有权的农村集体经济组织收回；

（二）土地交易后，在合同约定时间内未开发利用的土地（包括未利用地、集体建设用地等），由拥有其所有权的农村集体经济组织收回；

（三）农村宅基地及其附属设施用地交易后，该申让主体不得再申请农村宅基地及其附属设施用地。

第三章 指标交易

第十八条 建设用地指标定义

本办法所指建设用地指标,特指农村宅基地及其附属设施用地、乡镇企业用地、农村公共设施和公益事业建设用地等农村集体建设用地复垦为耕地后,可用于建设的用地指标。

第十九条 指标产生程序

指标严格按照以下程序产生:

(一)市国土资源行政主管部门依据土地利用总体规划、城镇规划,编制城乡建设用地挂钩专项规划,确定挂钩的规模和布局,经市人民政府批准后实施;

(二)土地权利人(包括农村集体经济组织、农民家庭及拥有土地权属的其他组织)向区县(自治县)国土资源行政主管部门提出土地复垦立项申请,经批准后复垦所立项的土地;

(三)在土地复垦完毕后,复垦方向区县(自治县)国土资源行政主管部门提出农村土地复垦质量验收申请;

(四)区县(自治县)国土资源行政主管部门按规定组织验收,验收合格后,按照重庆市土地复垦有关规定,向市国土资源行政主管部门申请确认并核发建设用地指标凭证。

第二十条 农村土地复垦坚持的原则

(一)农村土地复垦必须坚持规划控制、政府指导、农民自愿、统一管理、统一验收;

(二)农村宅基地及其附属设施用地复垦后,该农村家庭不得另行申请农村宅基地及其附属设施用地。

第二十一条 农村土地申请复垦的条件

(一)申请农村建设用地复垦,必须提交该土地的权属证明、土地勘测定界报告、土地利用现状图、土地分类面积汇总表;

(二)凡农民家庭申请农村宅基地及其附属设施用地复垦,必须提供集体土地使用证或其他权属证明,以及拥有其他稳定住所、稳定生活来源的证明和所在农村集体经济组织同意复垦的书面材料;

(三)凡法人或其他组织申请农村建设用地复垦,必须提交土地所在农村集体经济组织同意复垦的书面材料;

（四）凡农村集体经济组织申请农村建设用地土地复垦，必须出具集体土地所有证或其他权属证明，以及本集体经济组织 2/3 以上成员或者 2/3 以上成员代表同意复垦的书面材料。

第二十二条　禁止复垦以下土地用于指标交易

（一）土地利用总体规划确定的城镇建设用地范围以内的；

（二）使用权或承包经营权权属不合法、不明晰或有争议的；

（三）违反土地利用总体规划、城乡总体规划、村镇规划的；

（四）司法机关依法查封或以其他形式限制土地权利的；

（五）以前签订的土地交易合同约定事项尚未完结的。

第二十三条　农村土地复垦主体

（一）农村土地复垦责任主体是拥有该土地所有权的农村集体经济组织或拥有该土地使用权的自然人；

（二）农村土地复垦申请立项批准后，农村集体经济组织或自然人可以自行申请，也可以委托农村土地专业复垦机构复垦。

第二十四条　指标交易规则

（一）凡建设用地指标交易，必须在农村土地交易所内进行；

（二）申让方持土地指标凭证，向农村土地交易所提出交易申请，也可以委托代理机构代理申请；

（三）代理机构代理申让指标时，在出具土地指标凭证的同时，必须提交委托书；

（四）农村土地交易所对申让方进行资格条件审查后，将审查合格的待交易土地指标纳入信息库，并及时向社会发布；

（五）一切农村集体经济组织、法人或其他组织以及具有独立民事能力的自然人，均可在农村土地交易所公开竞购指标。

第二十五条　交易价格指导

市人民政府在综合考虑耕地开垦费、新增建设用地土地有偿使用费等因素的基础上，制定全市统一的建设用地指标基准交易价格。

第二十六条　交易调控管理

市人民政府对建设用地指标交易总量实行计划调控，每年度交易指标量要根据年度用地计划、挂钩周转指标规模和经营性用地需求情况，合理确定。

第二十七条　指标购买用途

（一）增加等量城镇建设用地；

（二）指标落地时，冲抵新增建设用地有偿使用费和耕地开垦费。

第四章　权益保障

第二十八条　农村土地确权、登记和颁证

（一）结合第二次全国土地调查和集体林权制度改革，区县政府组织进行农村集体土地所有权登记，核发集体土地所有证、集体土地使用证、承包经营权证和林权证；

（二）农村集体建设用地复垦后的土地，所有权和使用权属本农村集体经济组织；

（三）区县（自治县）国土资源、农业、林业等行政主管部门按照各自职责负责本行政区内农村土地登记、颁证的管理。

第二十九条　土地权益保障

（一）农村土地承包经营权交易，不得改变农村土地集体所有性质，不得损害农民土地承包权益；

（二）在土地利用规划确定的城镇建设用地范围外，经批准占用农村集体土地建设的非公益性项目，允许农民依法以多种方式参与开发经营并保障农民合法权益；

（三）通过农村土地交易所以公开规范的方式依法取得土地使用权的农村集体经营性建设用地，在符合规划的前提下与国有土地享有平等权益。

第三十条　交易优先权保障

（一）农村土地交易价格低于基准价格时，土地所有者有优先回购权；

（二）农村土地折资入股后的权益或收益分配权交易，所在农村集体经济组织、农民专业合作社有优先购买权；

（三）建设用地指标交易之前，优先满足集体建设用地。

第三十一条　分配权益保障

（一）耕地、林地等承包经营权交易收益，归农民家庭所有；

（二）农村宅基地使用权交易收益，原则上大部分归农民家庭所有，小部分归农村集体经济组织所有，具体分配比例由农民家庭和农村集体经济组织协商确定；

（三）乡镇企业用地、农村公共设施和公益事业建设用地等集体建设用地使用权交易收益，归农村集体经济组织所有；

（四）农村土地交易所按农村土地实物和指标交易额 1% 的比例收取交易服务费；

（五）农村集体经济组织获得的土地交易收益，纳入农村集体财产统一管理，用于本集体经济组织成员分配和社会保障、新农村建设等公益事业。具体管理办法，按相关农村集体资产管理规定执行。

第三十二条　交易纠纷调解

农村土地交易中发生的纠纷，可向国土资源、农业、林业等有关行政主管部门申请调解仲裁。不能调解仲裁的，通过法律途径解决。

第五章　附则

第三十三条　本办法由重庆农村土地交易所监督管理委员会负责解释。

第三十四条　本办法自 2008 年 12 月 1 日起实施。

重庆市房地产价格调控机制研究调查问卷

一　基本信息

性别：　　　　1. 男　　　　　2. 女

您的年龄：　　1. 18—29 岁　　2. 30—39 岁　　3. 40—49 岁

4. 50—59 岁　　5. 60—69 岁

您的籍贯：＿＿＿＿＿＿省（市）＿＿＿＿＿＿市（县）

您的户籍：　　1. 农业户口　　2. 非农业户口

您目前的职业（或身份）：1. 各级各类管理人员（包括国家机关、党群组织负责人/企业事业单位负责人/办事人员）　　2. 专业技术人员 3. 农、林、牧、渔、水利业生产人员　　4. 生产工人、运输设备操作及有关人员　　5. 商业及服务人员　　6. 学生及待升学人员　　7. 离退休人员　　8. 家务劳动者、失业人员及下岗人员

您的文化程度：

1. 小学及以下　　　2. 初中　　　　　3. 高中/中专

4. 大专　　　　　　5. 本科学历　　　6. 研究生学历

二　选择题

1. 您认为重庆市近几年房价稳定吗？

A. 稳定　　B. 基本稳定　　C. 不稳定　　D. 不清楚

2. 您认为结婚必须买房吗？

A. 一定　　B. 不一定　　C. 租房　　　D. 不清楚

3. 您认为重庆市地铁沿线房价高吗？

A. 价格高　　　B. 价格合理　　C. 价格偏低　　D. 不清楚

4. 您清楚重庆市保障性住房相关申请条件吗？

A. 非常清楚　　B. 比较了解　　C. 一般了解　　D. 不了解

5. 您认为地价与房价之间是什么关系？

A. 地价推动房价上涨　　　　　B. 房价推动地价上涨

C. 二者相互影响　　　　　　　D. 二者之间互不影响

6. 您认为重庆房地产市场存在投机行为吗？

A. 大量存在　　B. 少部分存在　　C. 基本不存在　　D. 肯定不存在

7. 您认为重庆市房产税征收效果明显吗?

A. 十分明显　　B. 效果一般　　C. 没有效果　　D. 不知道房产税

8. 您了解重庆市地票交易吗?

A. 非常清楚　　　　B. 比较了解　　　　C. 一般了解　　　　D. 不了解

9. 您认为重庆主城区房价在哪个价位更为合理?

A. 6000 元以下　　　　　　　　B. 6000—8000 元

C. 8000—10000 元　　　　　　　D. 10000 元以上

10. 您认为重庆市房地产未来房价如何?

A. 看涨　　　　　B. 持平　　　　　C. 看跌　　　　　D. 不好说

11. 您更容易接受购房、租房中的哪一个?

A. 购房　　　B. 租房　　　C. 都一样　　　D. 没有考虑过

12. 您认为哪个户型更适合居住?

A. 一室一厅　　　　　　　　B. 二室一厅（二厅）

C. 三室一厅（二厅）　　　　D. 别墅户型

13. 您理想中的置房地点是哪个区?（可多选）

A. 渝中区　　　B. 江北区　　　C. 九龙坡区　　　D. 北碚区

E. 巴南区　　　F. 大渡口区　　　G. 沙坪坝区　　　H. 南岸区

I. 渝北区

三　主观题

请您为重庆市房地产价格调控提几点建议。

性别	年龄	籍贯	户籍	职业	教育
题序	A	B	C	D	E
1					
2					
3					
4					
5					
6					
7					
8					
9					

续表

性别	年龄	籍贯	户籍	职业	教育
题序	A	B	C	D	E
10					
11					
12					
13	A	B	C	D	E
	F	G	H	I	

参考文献

［1］ Alonso, William, 1964, *Location and Land Use* ［M］. Cambridge University Press.

［2］ Bramley, G. , 1993, The Impact of Land Use Planning and Tax Subsidies on the Supply and Price of Housing in Britain ［J］. *Urban Studies*, （30）: 5 - 30.

［3］ Charles Collyns, Abdehak Senhadji, 2003, Lending Boom, Real Estate Bubbles and the Asian Crisis ［M］. IMF Working Paper.

［4］ Chou, W. L. and Shih, Y. C. , 1995, Hong Kong Housing Markets: Overview, Tenure Choice, and Housing Demand ［J］. *Journal of Real Estate Finance and Economics*, （10）: 7 - 21.

［5］ Cheung, Y. , Tsang, S. and Mark, S. , 1995, The Causal Relationships between Residential Property Prices and Rentals in Hong Kong: 1982 - 1992 ［J］. *Journal of Real Estate Finance and Economics*, （10）: 23 - 35.

［6］ Davies, G. W. , 1997, A model of the urban residential land and housing markets ［J］. *The Canadian Journal of Economics*, 10 （3）: 393 - 410.

［7］ Dua, P. and Ismail, Rashid A. , 1996, Foreign Capital Inflows: The Experience of Emerging Markets in Asia ［J］. *Journal of Asian Business*, （12）: 31 - 45.

［8］ Garrett Glasgow, Paul G. Lewis, Max Neiman, 2012, Local Development Policies and the Foreclosure Crisis in California: Can Local Policies Hold Back National Tides? ［J］. *Urban Review January*, 1 （48）: 64 - 85.

［9］ Hofmann, 2001, Bank Lending and Property Prices: Some International Evidence ［J］. BIS Working Papers.

［10］ Holly, S. , Jones, N. , 1997, House Prices Since the 1940s: Cointegration, Demography and Asymmetries ［J］. *Economic Modeling*, （4）: 549 - 565.

［11］ Mark, Jonathan H. , Mark, A. , 1986, Goldberg A Study of the Impacts of Zoning on Housing Values Over Time ［J］. *Journal of Urban Economics*, (4): 254 – 273.

［12］ Monk, J. , A. , Royce, S, C. Dunn, J. , *The Relationship between Land Supply and Housing Production* ［M］. New York, Joseph Row tree Foundation, 1994.

［13］ Muth, Richattl F. , 1969, *Cities and Housing* ［M］. University of Chicago Press.

［14］ Neng Lai, Ko Wang, 1999, Land – Supply Restrictions, Developer Strategies and Housing Policies ［J］. *International Real Estate Review*, 2 (1): 143 – 159.

［15］ Needham, Barrie, 2000, Land Taxation, Development Charges and the Effects on Land – use ［J］. *Journal of Property Research*, (17): 241 – 257.

［16］ Peng, R. , Wheaton, W. C. , 1994, Effects of Restrictive Land Supply on Housing in Hong Kong and Econometric Analysis ［J］. *Journal of Housing Research*, (5): 263 – 291

［17］ Priemus, Hugo, 2003, Land Policy, House Prices and Housing Quality: Empirical Evidence from the Netherlands ［J］. *Housing Theory and Society*, 20 (3): 127 – 132.

［18］ Raymond, Y. C. , 1998, Housing Price, Land Supply and Revenue from Land Sales ［J］. *Urban Studies*, 35 (8): 1377 – 1392.

［19］ Small and Garrick, R. , 2000, An Aristotelian Construction of the Social Economy of Land ［D］. Doctoral Dissertation, University of Technology, Sydney.

［20］ Tsoukis, C. , Alyousha, A. , 1999, Implications of Intertemporal Optimization for House and Land Price ［J］. *Applied Economics*, (31): 1565 – 1571.

［21］ 阿瑟·奥沙利文:《城市经济学》,中信出版社 2002 年版。

［22］ 巴曙松、牛播坤、杨现领:《保障房制度建设:国际经验及中国的政策选择》,《财政研究》2011 年第 12 期。

［23］ 蔡昉:《人口转变、人口红利与刘易斯转折点》,《经济研究》2010 年第 4 期。

［24］曹波、刘思峰、方志耕、谢乃明：《灰色组合预测模型及其应用》，《中国管理科学》2009 年第 5 期。

［25］曹春明：《土地垄断供给制度下的政府行为、房价与城市经济》，硕士学位论文，浙江大学，2004 年。

［26］陈龙高、杨小艳、龙乾：《浅谈中国土地市场中土地供应的制度缺陷及建议》，《地质技术经济管理》2004 年第 6 期。

［27］陈霞：《国外农村土地城市化的比较研究》，《科技进步与对策》2000 年第 6 期。

［28］陈小安：《房产税的功能、作用与制度设计框架》，《税务研究》2011 年第 4 期。

［29］《中国城乡一体化发展报告》（2011），社会科学文献出版社 2011 年版。

［30］邓富民、王刚：《货币政策对房地产价格与投资影响的实证分析》，《管理世界》2012 年第 6 期。

［31］邓聚龙：《灰色控制系统》，科学出版社 1993 年版。

［32］杜敏杰、刘霞辉：《人民币升值预期与房地产价格变动》，《世界经济》2007 年第 1 期。

［33］段忠东：《房地产价格与通货膨胀、产出的关系——理论分析与基于中国数据的实证检验》，《数量经济技术经济研究》2007 年第 12 期。

［34］丰雷、朱勇、谢经荣：《中国地产泡沫实证研究》，《管理世界》2002 年第 10 期。

［35］冯邦彦、刘明：《中国房价与地价关系的实证研究》，《统计与决策》2006 年第 4 期。

［36］冯科：《中国房地产市场在货币政策传导机制中的作用研究》，《经济学动态》2011 年第 4 期。

［37］付彩芳、任倩、王定毅：《国外农业经营与管理》，中国社会出版社 2006 年版。

［38］高波、毛丰付：《房价与地价关系的实证检验：1999—2002》，《产业经济研究》2003 年第 3 期。

［39］贺京同、徐璐：《主体行为、预期形成与房地产市场稳定》，《浙江大学学报》（人文社会科学版）2011 年第 5 期。

［40］郭树华、王旭：《人民币汇率与房地产价格关联效应研究》，《经济问题探索》2012 年第 1 期。

［41］卡尔·马克思：《资本论》，江苏人民出版社 2013 年版。

［42］况伟大：《房价与地价关系研究：模型及中国数据检验》，《财贸经济》2005 年第 11 期。

［43］况伟大：《预期、投机与中国城市房价波动》，《经济研究》2010 年第 9 期。

［44］况伟大：《房产税、地价与房价》，《中国软科学》2012 年第 4 期。

［45］李伟：《住房价格上涨的原因分析及完善调控措施建议》，《价格理论与实践》2006 年第 7 期。

［46］梁云芳、高铁梅：《中国房地产价格波动区域差异的实证分析》，《经济研究》2007 年第 8 期。

［47］梁云芳、高铁梅、贺书平：《房地产市场与国民经济协调发展的实证分析》，《中国社会科学》2006 年第 3 期。

［48］刘洪玉、任荣荣：《开发商的土地储备与竞买行为解析》，《中国土地科学》2008 年第 12 期。

［49］刘剑文：《房产税改革正当性的五维建构》，《法学研究》2014 年第 2 期。

［50］刘丽荣、张磊、张健：《试述保障性住房的和谐供给模式》，《建筑经济》2008 年第 6 期。

［51］刘琳、刘洪玉：《地价与房价关系的经济学分析》，《数量经济技术经济研究》2003 年第 7 期。

［52］刘耀彬、李仁东、宋学锋：《中国城市化与生态环境耦合度分析》，《自然资源学报》2005 年第 1 期。

［53］吕品：《中国住房生产成本对房价的影响分析》，《价格理论与实践》2009 年第 4 期。

［54］孙建波、梁芸：《揭开房地产的面纱——基于产品特征、市场行为与社会层次的研究》，中国金融出版社 2010 年版。

［55］孙中山：《孙中山选集》，人民出版社 1981 年版。

［56］谭荣华、温磊、葛静：《从重庆、上海房产税改革试点看我国房地产税改革》，《税务研究》2013 年第 2 期。

［57］田晶：《北京市房地产住宅项目成本费用的分析与研究——针对"招拍挂"获得土地的普通住宅项目》，硕士学位论文，同济大学，2008 年。

［58］谭雪瑞、邓聚龙：《灰色关联分析：多因素统计分析新方法》，《统计研究》1995 年第 3 期。

［59］毛文付、任国良：《政企博弈与中国房价地价的"棘轮效应"》，《经济论坛》2011 年第 11 期。

［60］温海珍、吕雪梦、张凌：《房价与地价的内生性及其互动影响——基于联立方程模型的实证分析》，《财贸经济》2010 年第 2 期。

［61］吴艳霞、王楠：《房地产泡沫成因及其投机度测度研究》，《预测》2006 年第 2 期。

［62］杨继瑞、汪锐、马永坤：《统筹城乡实践的重庆"地票"交易创新探索》，《中国农村经济》2011 年第 11 期。

［63］野口悠纪雄：《土地经济学》，商务印书馆 2003 年版。

［64］原鹏飞、魏巍贤：《房地产价格波动经济影响的一般均衡研究》，《管理科学学报》2012 年第 3 期。

［65］袁志刚、樊潇彦：《房地产市场理性泡沫分析》，《经济研究》2003 年第 3 期。

［66］王维安、贺聪：《房地产价格与通货膨胀预期》，《财经研究》2005 年第 12 期。

［67］王子龙、许萧迪：《房地产市场广义虚拟财富效应测度研究》，《中国工业经济》2011 年第 3 期。

［68］武康平、胡谍：《房地产价格在宏观经济中的加速器作用研究》，《中国管理科学》2011 年第 1 期。

［69］张海洋、袁小丽、陈卓、郭洪：《投资性需求对我国房价影响程度的实证分析》，《软科学》2011 年第 3 期。

［70］张洪铭、张宗益、陈文梅：《房产税改革试点效应分析》，《税务研究》2011 年第 4 期。

［71］张平、刘霞辉：《城市化、财政扩张与经济增长》，《经济研究》2011 年第 11 期。

［72］张娟峰、虞晓芬：《土地资源配置体制与供给模式对房地产市场影响的路径分析》，《中国软科学》2011 年第 5 期。

［73］张晓峒：《应用数量经济学》，机械工业出版社 2009 年版。

［74］郑娟尔：《基于 Panel Data 模型的土地供应量对房价的影响研究》，《中国土地科学》2009 年第 4 期。

后 记

  房地产市场的健康发展，事关国家整体经济形势运行情况，关系到百姓安居乐业，特别是在中国经济发展进入"新常态"环境下，对于推进社会主义和谐社会建设和全面深化改革具有重要的实践及指导意义。《重庆房地产价格调控机制研究》一书，是重庆国土资源可持续发展与创新研究会项目"重庆房地产价格调控机制研究"的最终成果。该课题于2013年12月立项，由中国社会科学院数量经济与技术经济研究所承担。课题研究历时一年有余，经过数次研讨，并于2014年10月进行了实地调研，几经易稿，最终形成此研究成果。

  本书得以出版，首先感谢重庆国土资源可持续发展与创新研究会，没有研究会的指导与帮助，就不会有此书的出版。重庆市国土房管局张定宇局长、孙力理事长、李大华秘书长及重庆国土房管局相关负责人对课题研究提供了莫大支持，多次关注课题进展，指导课题研究，并提出有针对性的建议；研究会徐召雷、彭亮为课题组提供了大量的一手资料、相关数据及调查报告，使得课题研究得以顺利开展。

  本书的出版得到了中国社会科学出版社的大力支持，特别是经济与管理出版中心主任、编审卢小生的鼎力支持及精心帮助，为本书的编辑付出了很多心血，使得这部著作得以早日出版。在此，一并感谢。

  本书同时得到中国社会科学院哲学社会科学创新工程项目"循环经济发展评价的理论与方法创新研究"和"基础研究学者"资助项目资助。在本书付梓之际，对所有参与课题研究的专家、学者及课题组全体成员致以最崇高的感谢之情。

  价格调控机制的研究涉及社会、经济等各环节，对于房地产市场价格机制调控的研究更需要全方面分析，才能真正对房地产市场起到积极作用。本书以重庆市为例，在深入分析重庆市房地产市场供需现状基础上，针对重庆市房地产市场中存在的问题进行了探讨，并通过数量化模型方法对有关房地产市场的相关问题进行了研究，最终归纳出重庆市房地产市场保持房价基本稳定的经验，并就价格调控目标、机制和方法进行了提炼，较全面地分析了重庆市房地产市场。但书中难免存在不足和错误之处，敬请批评、指正。

作者

2015 年 7 月 25 日